Référentiel

des contenus d'apprentissage du FLE en rapport
avec les six niveaux du Conseil de l'Europe,
à l'usage des enseignants de FLE

Ce travail a été réalisé pour l'Alliance Française de Paris-Ile-de-France,
par Aude Chauvet, coordonné par Isabelle Normand et Sophie Erlich

Alliance Française

CLE
INTERNATIONAL

Maquette et mise en page : Alinéa
© Alliance Française de Paris-Ile-de-France / CLE International, 2008
ISBN : 978-2-09-035279-5

Sommaire

A1
NIVEAU INTRODUCTIF OU DE DÉCOUVERTE

A2

NIVEAU INTERMÉDIAIRE OU DE SURVIE

B1

NIVEAU SEUIL

B2

NIVEAU AVANCÉ OU INDÉPENDANT

C1

NIVEAU AUTONOME

C2

NIVEAU MAÎTRISE

Introduction

Pourquoi un référentiel ?

L'Alliance Française de Paris vous propose de découvrir son référentiel des contenus d'apprentissage du FLE. La fonction première de ce document était d'apporter une aide au classement de ressources pédagogiques par niveaux de compétence. Cependant, ce document peut s'avérer également très utile pour des enseignants, puisqu'il répertorie l'ensemble des contenus d'apprentissage du FLE ainsi que les types de documents exploitables dans le cadre d'un enseignement/apprentissage de la langue. C'est la raison pour laquelle nous avons décidé de diffuser ce nouvel outil pédagogique aux enseignants du monde entier.

Ce référentiel s'appuie sur les six niveaux du *Cadre européen commun de référence pour les langues* proposés par le Conseil de l'Europe, ceux-ci s'imposant actuellement comme la référence dans le domaine de l'enseignement/apprentissage des langues. **Chacun des six niveaux du** *Cadre de référence* **présente une liste non exhaustive de compétences que l'étudiant est susceptible d'acquérir,** par rapport aux différentes aptitudes langagières, qui peuvent faire l'objet d'une progression différenciée. Nous avons retenu **cinq catégories principales : écouter, lire, écrire, s'exprimer oralement en continu** et **prendre part à une conversation.** La compétence à communiquer, que l'apprenant se construit au fur et à mesure de son apprentissage, passe par l'acquisition de savoirs, savoir-faire et « savoir-être » (ou « attitudes »), qu'il convient de définir le plus précisément possible dans le cadre de la mise en place d'un dispositif d'apprentissage. Dans cette optique, notre référentiel se propose d'établir une correspondance entre les compétences à acquérir pour chacun des six niveaux du *Cadre de référence* et les contenus d'apprentissage présents dans les supports pédagogiques, nécessaires à l'acquisition de ces compétences. Le référentiel permettra en outre de repérer plus clairement les liens existants entre les contenus langagiers, les thèmes de communication, les contextes d'utilisation de la langue et les types de supports pédagogiques choisis.

Ce référentiel se présente donc comme un outil de synthèse, qui aidera l'enseignant de FLE à **déterminer un niveau de compétence par rapport aux contenus d'apprentissage repérés dans les documents et activités des manuels à sa disposition.**

Le choix a porté sur **la formulation d'un nombre limité de descripteurs et un classement des différents contenus sous forme d'arborescences**. De plus, les informations contenues dans ce référentiel doivent être facilement repérables, puisqu'il s'agit d'**un outil à consulter lors de l'analyse de ressources pédagogiques**. De ce fait, la présentation du référentiel devait être la plus synthétique et la plus fonctionnelle possible et il en résulte un aspect fragmenté, qui peut choquer à première vue. Les différents descripteurs sont épurés des termes «comprendre» ou «s'exprimer», dans le but d'obtenir **des dénominations simples et normalisées, identiques quelle que soit l'aptitude langagière évoquée**. Il semble essentiel de souligner le fait qu'**on se place ici du côté des contenus d'apprentissage, et non du côté de l'apprenant**.

Pour chaque niveau de compétence sont présentés **les contenus d'apprentissage correspondant aux cinq aptitudes langagières**, à savoir la compréhension orale, la compréhension écrite, l'expression orale (en continu), l'interaction orale et enfin l'expression écrite. Il semblait en effet pertinent de privilégier dans notre contexte les termes «expression» et «compréhension», au détriment des termes «production» et «réception» énoncés dans le *Cadre de référence*, qui mettent l'accent sur les opérations mises en œuvre lors des activités d'apprentissage plutôt que sur la visée finale de cet apprentissage : l'accès au sens et la production de sens dans la langue cible.

Tout l'enjeu de ce référentiel est de pouvoir proposer **des contenus d'apprentissage correspondant à chaque niveau décrit dans le *Cadre de référence* afin d'établir un lien entre les compétences langagières à atteindre et les ressources pédagogiques utilisables lors de l'enseignement/apprentissage d'une langue**. De ce fait, **les différentes sous-parties du référentiel** ne sauraient être lues indépendamment les unes des autres, bien qu'elles soient présentées sous forme de fiches individuelles pour une meilleure lisibilité : elles **sont en réalité étroitement liées entre elles**. En effet, les savoir-faire communicatifs à développer lors de l'apprentissage passent par la réalisation d'actes de parole dans un contexte d'utilisation précis, et par la connaissance des codes sociolinguistiques. De même, l'apprentissage des actes de parole passe par l'acquisition d'une compétence linguistique, nécessitant des savoirs grammaticaux et lexicaux. Il y a donc **un lien à établir entre les savoir-faire, les actes de parole, les contenus linguistiques (grammaire et lexique) et les contenus socioculturels décrits pour chaque niveau**. Par exemple, pour maîtriser le savoir-faire «écrire une carte postale simple et brève» (niveau A1), l'apprenant devra pouvoir utiliser les actes de parole «saluer», «demander des nouvelles», «dire la date», «localiser une ville ou un pays», «dire le temps qu'il fait»… Pour cela, l'apprenant a besoin de connaître le présent de l'indicatif de quelques verbes, l'emploi des adjectifs et de quelques adverbes de lieu et de temps…, mais aussi du lexique relatif aux pays, villes, vacances, climat… ainsi que les rituels de la lettre amicale… Il semblait également pertinent de préciser le type de supports privilégiés (documents oraux et écrits) dans le cadre de l'apprentissage, pour chaque niveau de compétence et pour chaque aptitude à développer. Dans le cadre de l'exemple des vacances, le type de support privilégié serait la carte postale, mais on pourrait bien entendu en imaginer d'autres, tels que la photo de vacances, la brochure de voyage, le billet d'avion, etc.

Il est essentiel de considérer ce référentiel comme **un matériel indicatif**, qui doit aider l'enseignant à repérer les contenus et les supports d'apprentissage adaptés à chaque niveau de compétence. Ainsi, les savoir-faire présentés pour chaque aptitude sont assez généraux afin de limiter le nombre de descripteurs, qui pourront varier sensiblement suivant le contexte d'utilisation de la langue. Il en va de même pour les contenus grammaticaux et lexicaux, tels qu'ils sont présentés dans le référentiel. Par contre, les contenus socioculturels et les types de support correspondant à chaque niveau ne sauraient être exhaustifs et ne sont présentés qu'à titre indicatif, tout en sachant qu'ils peuvent varier largement suivant la situation de communication. Enfin, les actes de parole font l'objet d'une liste fermée de descripteurs, qui sont repris sous forme d'arborescence dans le référentiel. Il semble important de noter que ces listes de descripteurs (actes de parole, grammaire, lexique, sociolinguistique) sont inspirées des différentes **entrées existantes dans les tableaux de contenus des manuels** de FLE : il s'agissait en effet d'**établir un lien direct entre les ressources utilisées quotidiennement par les enseignants et le *Cadre européen commun de référence*.**

Attention cependant à bien comprendre l'utilisation qui doit être faite de ce référentiel : **les savoir-faire, actes de parole et contenus linguistiques préconisés pour chaque niveau correspondent aux éléments que l'étudiant doit acquérir à un moment donné de son apprentissage.** Pour un niveau donné, il est donc bien évidemment possible de proposer un document contenant des éléments plus complexes que ce qui est décrit dans le référentiel. Un document doit permettre à l'apprenant d'acquérir des savoirs et savoir-faire correspondant à son niveau de compétence, ce qui ne signifie en aucun cas que le document en question doive se réduire aux contenus préconisés : il peut s'agir par exemple d'un repérage d'actes de parole à travailler dans un document qui pourra également contenir d'autres actes de parole, correspondant à des niveaux inférieurs ou supérieurs.

Attention également à bien saisir **le rôle des descripteurs présentés dans le cadre d'activités de compréhension, notamment en ce qui concerne les contenus communicatifs** : il est entendu que **l'apprenant devra être capable de comprendre les actes de parole décrits, et non de les réaliser.** Dans le cas d'un document audio présentant par exemple un bulletin météo, l'enseignant considérera qu'il s'agit d'une ressource de niveau A2, que l'aptitude visée est la compréhension orale, que les actes de parole à étudier sont «exprimer une prévision» et «dire le temps qu'il fait», que les contenus grammaticaux travaillés seront le futur simple, les prépositions de lieu et les adjectifs, que le champ lexical traité sera la météo et le type de support un court enregistrement radiophonique.

En définitive, il est important de souligner que ce référentiel ne se veut pas restrictif dans la mesure où il laisse à l'enseignant la possibilité d'interpréter, d'adapter et d'enrichir les contenus d'un document par rapport à un niveau de compétence donné. Il est essentiel que l'utilisateur en comprenne l'enjeu et le consulte comme **un outil de référence mis à sa disposition pour évaluer précisément le niveau d'une ressource pédagogique**, et comme **un inventaire ouvert de contenus d'apprentissage repérables dans les supports et activités d'apprentissage**. Nous espérons que vous consulterez ce nouvel outil avec intérêt et qu'il facilitera votre travail d'analyse ou de conception de matériel pédagogique.

Notice d'utilisation

Ce référentiel s'appuie sur les six niveaux du *Cadre européen commun de référence pour les langues*:
– le niveau A1 : niveau introductif ou de découverte
– le niveau A2 : niveau intermédiaire ou de survie
– le niveau B1 : niveau seuil
– le niveau B2 : niveau avancé ou indépendant
– le niveau C1 : niveau autonome
– le niveau C2 : niveau maîtrise

Pour chacun des six niveaux de compétence, vous trouverez :
– deux pages introductives présentant une description globale des compétences à atteindre et les savoir-faire généraux (ce que l'étudiant doit être capable de faire avec la langue) référencés dans le *Cadre*;
– une présentation des cinq aptitudes langagières, dans l'ordre suivant : compréhension orale, compréhension écrite, expression orale en continu, interaction orale et expression écrite.

Pour chaque aptitude langagière, vous trouverez plusieurs fiches répertoriant les différents contenus d'apprentissage repérables dans les ressources pédagogiques à analyser :
– une fiche «Savoir-faire» correspondant aux tâches que l'étudiant doit être capable de réaliser, et à associer aux différentes activités possibles dans le cadre de l'apprentissage de la langue…
– une fiche «Actes de parole», qui répertorie les contenus communicatifs à acquérir pour réaliser l'ensemble de ces tâches : ils sont classés sous forme d'arborescence en «macro-actes» de parole (en gras), subdivisés en «micro-actes» (en maigre), eux-mêmes comportant parfois plusieurs «sous-micro-actes» (en italique) ;
– une fiche «Contenus grammaticaux» présentant l'ensemble des contenus morphosyntaxiques à acquérir pour pouvoir réaliser les actes de parole référencés précédemment ;
– une fiche «Lexique», qui propose les champs lexicaux à étudier à chaque niveau de compétence, toujours par rapport aux savoir-faire préconisés…
– une fiche «Socioculturel», qui présente les contenus socioculturels que l'étudiant doit impérativement maîtriser dans le cadre de la compétence langagière requise.

Vous trouverez également à la fin de chaque partie (chaque aptitude) une fiche intitulée « Type de supports » qui propose les différents supports – authentiques ou didactisés – adaptés à l'apprentissage de la langue, pour chaque aptitude et à chaque niveau de compétence.

À la fin du référentiel, vous trouverez un index des actes de parole et un index des contenus grammaticaux, qui vous aidera à avoir une vision d'ensemble des critères communicatifs et linguistiques retenus. Le sommaire introductif facilitera également le repérage des différentes fiches à l'intérieur du référentiel.

Il est indispensable d'établir un lien entre les savoir-faire, les actes de parole, les contenus linguistiques (grammaticaux et lexicaux) et les contenus socioculturels décrits pour chaque niveau : l'enseignant pourra ainsi repérer le ou les savoir-faire communicatifs exploitables, et les actes de parole, les contenus grammaticaux, lexicaux et socioculturels concernés.

Par exemple, pour maîtriser le savoir-faire « écrire une carte postale simple et brève » (niveau A1), l'étudiant doit réaliser les actes de parole suivants :
– « saluer »
– « demander des nouvelles »
– « dire la date »
– « localiser une ville ou un pays »
– « dire le temps qu'il fait »…

Pour cela, il doit maîtriser les contenus grammaticaux suivants :
– le présent de l'indicatif
– la place et l'accord des adjectifs
– quelques adverbes de lieux et de temps…

Mais aussi les champs lexicaux suivants :
– vacances
– ville / pays
– climat / météo…

Et dans le domaine socioculturel :
– les rituels de la carte postale

Le type de support utilisé pourra être :
– un modèle de carte postale
– une photo de vacances
– une brochure de voyage
– un billet d'avion, etc.

Attention au rôle des descripteurs dans le cadre des activités de compréhension : les actes de parole décrits devront correspondre à ceux que l'apprenant sera capable de comprendre (à l'oral ou à l'écrit), mais pas nécessairement de réaliser !

Par exemple, si vous voulez utiliser un document audio de type «bulletin météo» :
– l'aptitude visée pourra être : la compréhension orale ;
– les actes de parole à étudier : «exprimer une prévision» et «dire le temps qu'il fait»…
– les contenus grammaticaux : le futur simple, les prépositions de lieu, les adjectifs…
– le champ lexical : la météo ;
– le type de support : un court enregistrement radiophonique.

Il s'agit donc d'une ressource d'apprentissage adaptée au niveau A2.

A1
Niveau introductif ou de découverte

Description globale

« L'apprenant peut comprendre et utiliser des expressions familières et quotidiennes ainsi que des énoncés très simples qui visent à satisfaire des besoins
concrets. Il peut se présenter ou présenter quelqu'un et poser à une personne
des questions la concernant – par exemple : sur son lieu d'habitation, ses relations, ce qui lui appartient, etc. – et peut répondre au même type de questions.
Il peut communiquer de façon simple si l'interlocuteur parle lentement et distinctement et se montre coopératif. »

Écouter

Peut comprendre des mots familiers et des expressions très courantes au sujet de
lui-même, de sa famille, de l'environnement concret et immédiat, si les gens parlent
lentement et distinctement.

Lire

Peut comprendre des noms familiers, des mots ainsi que des phrases très simples,
par exemple dans des annonces, des affiches ou des catalogues.

S'exprimer oralement en continu

Peut utiliser des expressions et des phrases simples pour décrire son lieu d'habitation et les gens qu'il connaît.

Prendre part à une conversation

Peut communiquer de façon simple, à condition que l'interlocuteur soit disposé
à répéter ou à reformuler ses phrases plus lentement et à l'aider à formuler ce qu'il
essaie de dire. Peut poser des questions simples sur des sujets familiers ou sur ce
dont il a immédiatement besoin, ainsi que répondre à de telles questions.

Écrire

Peut écrire une courte carte postale simple, par exemple de vacances. Peut porter
des détails personnels dans un questionnaire, inscrire par exemple son nom, sa
nationalité et son adresse sur une fiche d'hôtel.

Étendue

L'apprenant possède un répertoire élémentaire de mots et d'expressions simples relatifs à des situations concrètes particulières.

Cohérence

Il peut relier des mots ou groupes de mots avec des connecteurs très élémentaires tels que « et » ou « alors ».

A1 – SAVOIR-FAIRE GÉNÉRAUX
Chapitre 3.6. du Cadre européen commun de référence pour les langues
(« Cohérence du contenu des niveaux communs de référence »)

À l'issue du niveau A1, l'apprenant doit être capable de :
– répondre à des questions simples sur lui-même, l'endroit où il vit, les gens qu'il connaît et les choses qu'il a, et en poser ;
– intervenir avec des énoncés simples dans les domaines qui le concernent ou qui lui sont familiers, et y répondre également.

Et notamment :
– saluer de manière simple
– dire *oui, non, excusez-moi, s'il vous plaît, pardon*
– faire un achat simple (en utilisant la gestuelle)
– dire et demander le jour, l'heure et la date
– remplir un formulaire simple (nom, adresse, nationalité, état civil)
– écrire une carte postale simple

A1

Niveau introductif ou de découverte

Compétence	Écouter
Aptitude	Compréhension orale

SAVOIR-FAIRE
Comprendre des mots familiers et des expressions très courantes
Comprendre des instructions / indications
Comprendre des questions simples

ACTES DE PAROLE

Entrer en contact avec qqn
– saluer qqn
– prendre congé
– demander / donner des nouvelles à qqn

Présenter qqn
– donner son identité ou l'identité de qqn
                                                 donner son nom
  dire son âge
  dire sa nationalité
  dire sa profession
  épeler
– parler de son environnement quotidien   *donner son adresse / son e-mail*
  donner son numéro de téléphone
  parler de sa famille
  parler de ses loisirs

Caractériser qqn ou qqch
– décrire un objet / une personne   *désigner qqch ou qqn*
  dire le prix d'un objet

– exprimer l'appartenance
– exprimer la quantité

Demander qqch à qqn
– demander une information   *poser des questions personnelles*
  demander la date
  demander l'heure

Demander à qqn de faire qqch
– donner des instructions / des indications

CONTENUS GRAMMATICAUX

Quelques verbes usuels : être / avoir / faire / s'appeler
Quelques verbes -er : habiter, travailler, parler…

Le présent de l'indicatif – *l'état, la description*
L'impératif positif : quelques verbes -er
L'impératif positif : verbes venir, aller – *l'indication*

Les pronoms personnels sujets
Les pronoms toniques

Les pronoms interrogatifs simples (quel…)
Les adjectifs interrogatifs

La négation : ne… pas

Les présentateurs : c'est / voilà…
Les articles définis
Les articles indéfinis
L'article « zéro » : être + profession

L'accord : masculin, féminin
L'accord : singulier, pluriel
Les adjectifs possessifs
Les adjectifs démonstratifs

Les articles partitifs (du, de la…)
L'expression de la quantité (quelques adverbes et articles)
Les nombres cardinaux

Quelques articulateurs du discours : et / ou / alors

LEXIQUE

L'alphabet
Les nombres
Les noms et prénoms
L'adresse
Les nationalités
Les professions
L'état civil (marié/célibataire)
Les loisirs
La famille proche

Les objets personnels
La description (petit/grand/vieux/jeune/beau/sympathique…)
Les couleurs

La date
Les jours de la semaine
L'heure

SOCIOCULTUREL

Les salutations (lors d'une rencontre)
Les formules de politesse simples

A1
Niveau introductif ou de découverte

Compétence	Lire
Aptitude	**Compréhension écrite**

SAVOIR-FAIRE
Reconnaître des noms, mots et expressions courants
Comprendre des messages simples (cartes postales)
Suivre des indications brèves et simples

ACTES DE PAROLE

Présenter qqn

– donner son identité ou l'identité de qqn

> *donner son nom*
> *dire son âge*
> *dire sa nationalité*
> *dire sa profession*

– parler de son environnement quotidien

> *donner son adresse / son e-mail*
> *donner son numéro de téléphone*
> *parler de sa famille*
> *parler de ses loisirs*

Entrer en contact avec qqn

– saluer

– demander / donner des nouvelles

– prendre congé

Se situer dans le temps

– situer des événements dans le temps

> *dire la date*
> *dire l'heure*

Se situer dans l'espace

– situer un lieu

> *localiser une ville / un pays*

Demander à qqn de faire qqch

– donner des instructions / des indications

CONTENUS GRAMMATICAUX

Le présent de l'indicatif - *l'état, la description*
Quelques verbes usuels : être / avoir / venir / aller / s'appeler
Quelques verbes à une base (-er) : habiter / travailler / parler…

L'impératif positif : quelques verbes -er + aller

La place et l'accord des adjectifs (de nationalité)
Quelques adjectifs simples (petit, grand…)

La négation : ne… pas

La localisation temporelle : quelques adverbes
(aujourd'hui, maintenant, demain…)
L'expression du moment : prépositions + date, mois, saison, année

La localisation spatiale : en / au + pays ; à + ville
La localisation spatiale : il y a

Quelques articulateurs du discours : et / ou / alors

LEXIQUE

L'alphabet
Les nombres
Les noms et prénoms
L'adresse
Les nationalités
Les professions
Les loisirs
La famille proche

L'heure
La date
Les jours de la semaine
Les saisons
Les lieux
Le temps / le climat
Quelques noms de pays

SOCIOCULTUREL

Les rituels de la lettre amicale / de la carte postale / de l'e-mail

TYPE DE SUPPORTS

Des textes informatifs très courts et simples
Des messages simples
Des cartes de visite
Des cartes postales
Des e-mails
Des annonces simples
Des affiches publicitaires
Des catalogues

A1
Niveau introductif ou de découverte

compétence	S'exprimer oralement en continu
Aptitude	Expression orale

SAVOIR-FAIRE
Se décrire Décrire ce qu'on fait Décrire son lieu d'habitation Décrire avec des phrases simples : les gens et les choses Lire un texte très bref à voix haute

ACTES DE PAROLE

Présenter qqn

– donner son identité ou l'identité de qqn

> *donner son nom*
> *dire son âge*
> *dire sa nationalité*
> *dire sa profession*
> *épeler*

– parler de son environnement quotidien

> *donner son adresse / son e-mail*
> *donner son numéro de téléphone*
> *parler de sa famille*
> *parler de ses loisirs*

Caractériser qqn ou qqch

– décrire un objet / une personne

> *désigner qqch ou qqn*
> *dire le prix d'un objet*

– exprimer l'appartenance

– exprimer la quantité

CONTENUS GRAMMATICAUX

Le présent : 1re personne singulier – *l'état, la description*
Le présent : 3e personne singulier / pluriel
Quelques verbes usuels : être / avoir / faire / venir / s'appeler
Quelques verbes à une base (-er) : habiter / travailler / parler…

Les pronoms personnels sujets
Les pronoms toniques

La localisation spatiale :
– venir de + noms de pays / ville
– habiter à / au / en… + nom de pays / ville

Les présentateurs (c'est / voilà…)

Les articles définis / les articles indéfinis
L'article « zéro » : être + profession
Les nombres cardinaux
L'accord masculin / féminin ; singulier / pluriel
Les adjectifs démonstratifs
Quelques adjectifs qualificatifs (grand, petit…)
L'accord et la place des adjectifs (de nationalité)

Le complément du nom avec « de » – *l'appartenance*
Les adjectifs possessifs

Quelques adverbes de quantité (un peu / beaucoup)
La quantité déterminée (un peu de / beaucoup de / pas de)
La quantité indéterminée (du / de la / des…)

Quelques articulateurs du discours : et / ou / alors

LEXIQUE

L'alphabet
Les nombres
Les noms et prénoms
L'adresse
Les nationalités
Les professions
L'état civil (marié / célibataire)
Les loisirs
La famille proche

Les objets personnels
La description (petit / grand / vieux / jeune / beau / sympathique…)
Les couleurs

TYPE DE SUPPORTS

De courts textes de bienvenue, de remerciement ou de présentation

A1
Niveau introductif ou de découverte

Compétence	Prendre part à une conversation
Aptitude	Interaction orale

SAVOIR-FAIRE

Utiliser des expressions élémentaires de salutation et de congé

Poser des questions personnelles
Répondre à des questions personnelles

Présenter qqn

Demander des objets à autrui

Parler de la météo

Se débrouiller avec les nombres, les quantités, l'argent et l'heure

ACTES DE PAROLE

Entrer en contact avec qqn
– saluer qqn
– prendre congé
– demander / donner des nouvelles à qqn

Présenter qqn
– donner son identité ou l'identité de qqn   *donner son nom*
                                               dire son âge
                                             dire sa nationalité
                                             dire sa profession
                                             épeler
– parler de son environnement quotidien   *donner son adresse / son e-mail*
                                             donner son numéro de téléphone
                                           parler de sa famille
                                           parler de ses loisirs

Caractériser qqch
– exprimer l'appartenance
– exprimer la quantité
– décrire un objet / une personne   *désigner qqch / qqn*
                                             dire le prix d'un objet
– décrire un lieu   *dire le temps qu'il fait*

Se situer dans le temps
– situer des événements dans le temps

Se situer dans l'espace
– situer un lieu   *localiser une ville / un pays*

Demander qqch à qqn
– demander une information à qqn   *demander un prix*
                                             demander l'heure
– demander un service   *demander un objet*

Accepter qqch
– répondre par l'affirmative

Refuser qqch
– répondre par la négative

Participer à une conversation
– dire qu'on ne comprend pas*

---

* Dans le *Cadre*, cette compétence n'apparaît qu'au niveau A2.

CONTENUS GRAMMATICAUX

Le présent de l'indicatif – *l'état, la description*
Quelques verbes usuels : être / avoir / faire / s'appeler
Quelques verbes à une base (-er) : habiter / travailler / parler…
Le verbe comprendre (je / vous)
Le conditionnel de politesse « je voudrais »

Les pronoms personnels sujet
Les pronoms toniques

La phrase interrogative simple : les trois formes
Les formes interrogatives : est-ce que / qu'est-ce que
Quelques pronoms interrogatifs : où / quand / combien
Les adjectifs interrogatifs (quel)

Les présentateurs (c'est / voilà…)

Les articles définis / les articles indéfinis
L'article « zéro » : être + profession
Les nombres cardinaux
Les adjectifs démonstratifs
L'accord masculin / féminin ; singulier / pluriel
L'accord des adjectifs (de nationalité)

Les phrases affirmatives et négatives
La phrase négative : ne… pas

Le complément du nom avec « de » – *l'appartenance*
Les adjectifs possessifs

Les articles partitifs (du, de la…)

Quelques adverbes de quantité (un peu / beaucoup)
La quantité indéterminée (du / de la / des…)
La quantité déterminée (un peu de / beaucoup de / pas de)

La localisation spatiale : venir de / habiter à, au, en + pays ou ville

La localisation temporelle : quelques adverbes de temps (maintenant, ce matin, demain…)

L'expression du moment : prépositions + date, mois, saison, année

Quelques articulateurs du discours : et / ou / alors

LEXIQUE
L'alphabet Les nombres Les noms et prénoms L'adresse Les nationalités Les professions L'état civil (marié / célibataire) Les loisirs La famille proche
La description (petit / grand / vieux / jeune / beau / sympathique…)
L'heure Les prix La météo La date Les jours de la semaine Les saisons
Les objets personnels Les objets de la classe

SOCIOCULTUREL
Les salutations *(lors d'une rencontre)* Les formules de politesse simples Tu ou vous

A1
Niveau introductif ou de découverte

Compétence	Écrire
Aptitude	Expression écrite

SAVOIR-FAIRE

Écrire des textes simples :
– sur soi-même
– sur des personnes

Écrire une carte postale simple et brève

Remplir une fiche d'hôtel ou un formulaire simple

ACTES DE PAROLE	
Présenter qqn	
– donner son identité ou l'identité de qqn	*donner son nom*
	dire son âge
	dire sa nationalité
	dire sa profession
– parler de son environnement quotidien	*donner son adresse / son e-mail*
	donner son numéro de téléphone
	parler de sa famille
	parler de ses loisirs
Entrer en contact avec qqn	
– saluer	
– demander / donner des nouvelles	
– prendre congé	
Se situer dans le temps	
– situer des événements dans le temps	*dire la date*
	dire l'heure
Se situer dans l'espace	
– situer un lieu	*localiser une ville / un pays*
Caractériser qqch	
– décrire un lieu	*dire le temps qu'il fait*

CONTENUS GRAMMATICAUX

Le présent : 1re personne singulier / 3e pers singulier et pluriel
   – *l'état, la description*
Quelques verbes usuels : être / avoir / faire / s'appeler
Quelques verbes à une base (-er) : habiter / travailler / parler…

L'accord des adjectifs (de nationalités)
La place des adjectifs
L'article « zéro » : être + profession
La forme impersonnelle simple : « il » pour la météo

La localisation temporelle : quelques adverbes de temps (maintenant, ce matin, demain…)
L'expression du moment : prépositions + date, mois, saison, année

La localisation spatiale :
– venir de / aller à + ville ou pays
– habiter à, au, en + ville ou pays
La localisation spatiale : il y a

Quelques articulateurs du discours : et / ou / alors

LEXIQUE

L'alphabet
Les nombres
Les noms et prénoms
L'adresse
Les nationalités
Les professions
L'état civil (marié / célibataire)
Les pays / les villes
Les loisirs
La famille proche

L'heure
La date
Les jours de la semaine
Les saisons
Les lieux
La météo / le climat

SOCIOCULTUREL

Les rituels de la lettre amicale / de la carte postale / de l'e-mail

TYPE DE SUPPORTS

Des cartes postales
Des formulaires simples
Des fiches de réservation simples

A2
Niveau intermédiaire ou de survie

Description globale
« L'apprenant peut comprendre des phrases isolées et des expressions fréquemment utilisées en relation avec des domaines immédiats de priorité (par exemple : informations personnelles et familiales simples, achats, environnement proche, travail). Il peut communiquer lors de tâches simples et habituelles ne demandant qu'un échange d'informations simple et direct sur des sujets familiers et habituels. Il peut décrire avec des moyens simples sa formation, son environnement immédiat et évoquer des sujets qui correspondent à des besoins immédiats. »

Écouter
Peut comprendre des expressions et un vocabulaire très fréquents relatifs à ce qui le concerne de très près (par exemple : soi-même, sa famille, les achats, l'environnement proche, le travail). Peut saisir l'essentiel d'annonces et de messages simples et clairs.

Lire
Peut lire des textes courts très simples. Peut trouver une information particulière prévisible dans des documents courants comme des publicités simples (pas trop connotées), des prospectus, des menus et des horaires, et peut comprendre des lettres personnelles courtes et simples.

S'exprimer oralement en continu
Peut utiliser une série de phrases ou d'expressions pour décrire en termes simples sa famille et d'autres gens, ses conditions de vie, sa formation et son activité professionnelle actuelle ou récente.

Prendre part à une conversation
Peut communiquer lors de tâches simples et habituelles ne demandant qu'un échange d'informations simple et direct sur des sujets et des activités familiers. Peut avoir des échanges très brefs. En règle générale, ne peut pas comprendre assez pour poursuivre une conversation.

Écrire
Peut écrire des notes et messages simples et courts. Peut écrire une lettre personnelle très simple, par exemple de remerciements.

Étendue

L'apprenant utilise des structures élémentaires constituées d'expressions mémorisées, de groupes de quelques mots et d'expressions toutes faites afin de communiquer une information limitée dans des situations simples de la vie quotidienne et d'actualité.

Cohérence

Il peut relier des groupes de mots avec des connecteurs simples tels que « et », « mais » et « parce que ».

A2 – SAVOIR-FAIRE GÉNÉRAUX
Chapitre 3.6. du Cadre européen commun de référence pour les langues
(« Cohérence du contenu des niveaux communs de référence »)

À l'issue du niveau A2, l'apprenant doit être capable de :
- utiliser les formes quotidiennes de politesse et d'adresse
- accueillir quelqu'un, lui demander de ses nouvelles et réagir à la réponse
- mener à bien un échange très court
- répondre à des questions sur ce qu'il fait professionnellement et pour ses loisirs et en poser de semblables
- inviter et répondre à une invitation
- discuter de ce qu'il veut faire, où, et faire les arrangements nécessaires
- faire une proposition et en accepter une
- mener à bien un échange simple dans un magasin, un bureau de poste ou une banque
- se renseigner sur un voyage
- utiliser les transports en commun : bus, train, taxi
- demander des informations de base
- demander son chemin et l'indiquer
- acheter des billets
- fournir les produits et les services nécessaires au quotidien et les demander
- lancer, poursuivre et clore une conversation simple à condition qu'elle soit en face à face
- se débrouiller dans des échanges simples et courants sans effort excessif
- se faire comprendre pour échanger des idées et des informations sur des sujets familiers dans des situations quotidiennes prévisibles, à condition que l'interlocuteur l'aide ;
- communiquer sur des sujets élémentaires à condition de pouvoir demander de l'aide pour exprimer ce qu'il veut
- exprimer ses impressions en termes simples
- faire une longue description des données quotidiennes de son environnement comme les gens, les lieux, une expérience professionnelle ou académique

- décrire des activités passées et des expériences personnelles
- décrire des occupations quotidiennes et des habitudes
- décrire des projets et leur organisation
- expliquer ce qu'il aime ou n'aime pas
- faire une description simple et courte d'événements et d'activités
- décrire des objets et animaux familiers
- utiliser une langue descriptive simple pour parler brièvement d'objets et de choses qu'il possède et les comparer

A2
Niveau intermédiaire ou de survie

Compétence	Écouter
Aptitude	Compréhension orale

SAVOIR-FAIRE

Comprendre un vocabulaire relatif : à la famille / aux achats / à l'environnement proche / au travail.

Suivre des directives et instructions simples : l'itinéraire (aller d'un point à un autre)

Identifier l'élément principal de nouvelles télévisées : un événement, un accident

ACTES DE PAROLE

Présenter qqn
– parler de son environnement quotidien   *parler de son lieu de vie, de son travail*
                                                 parler de sa famille, de ses loisirs

Se situer dans le temps
– situer des événements dans le temps   *exprimer le moment d'une action*
                                                 exprimer la fréquence

Se situer dans l'espace
– situer un objet ou une personne
– situer un lieu
– indiquer une direction   *indiquer une provenance*
                                                 décrire un itinéraire
                                                 exprimer une distance

Demander qqch à qqn
– demander des informations   *demander son chemin*

Demander à qqn de faire qqch
– commander / réserver
– demander de payer
– donner des instructions
– donner un ordre

Proposer qqch à qqn
– proposer de l'aide ou un service

Accepter qqch
– répondre par l'affirmative
– accepter de l'aide ou un service
– accepter une proposition ou une suggestion

Exprimer un sentiment positif
– exprimer (partiellement) ses goûts

Refuser qqch
– répondre par la négative
– refuser de l'aide ou un service
– refuser une proposition

Parler du passé
– raconter des événements passés   *raconter un fait divers*

Parler du futur
– exprimer une prévision

CONTENUS GRAMMATICAUX

Le présent de l'indicatif – *l'habitude + l'état*
Les verbes à une, deux et trois bases
Les verbes pronominaux : verbes réfléchis et verbes réciproques
Les verbes usuels : venir / aller / mettre / savoir / voir / prendre
Quelques verbes + infinitif (vouloir / pouvoir / devoir)
Il faut + infinitif

Le passé composé – *événements dans le passé*
Les participes passés (sans développer les accords)
L'imparfait – *description dans le passé (il était / il y avait / il faisait…)*
L'impératif positif et négatif – *l'instruction, la directive*
Le futur proche – *l'événement proche dans le temps / le futur plus ou moins lointain*
Le futur simple – *la prévision*
Le passé récent (venir de)
Le présent progressif (être en train de) – *l'action présente*

L'interrogation : adjectifs et pronoms interrogatifs
Les adjectifs (place et accord)

Les possessifs (adjectifs et pronoms)
Les pronoms démonstratifs
Les pronoms COD et COI – les verbes indirects
(ex : parler / téléphoner / demander… à qqn)

Le pronom complément y – *le lieu*

Les pronoms relatifs simples (qui, que)

La localisation temporelle : quelques prépositions (quand, pendant)

La localisation spatiale :
– les prépositions de lieu
– les adverbes de lieu
– aller à / être à / venir de… + lieu

Quelques articulateurs logiques simples : mais / parce que

LEXIQUE

La famille
Les lieux : le café, le restaurant, les commerces, la banque,
le bureau de poste, l'hôtel, la rue…
Les loisirs : le sport, les sorties, les spectacles, les voyages
Les moyens de transport : le métro, le bus, le train, le taxi…
La vie quotidienne : le travail, les achats, les activités quotidiennes
Le logement : les pièces de la maison, la décoration
Les objets du quotidien
Les aliments, les repas, la cuisine
Les animaux familiers
Les pays, les villes
L'itinéraire, la météo
Les actions de la vie quotidienne
Les événements : accidents (informations TV)

SOCIOCULTUREL

La vie quotidienne en France (habitudes, lieux de vie, objets…)

TYPE DE SUPPORTS

Les nouvelles télévisées (faits divers, météo)
Des annonces ou messages brefs (lieux publics)
Le répondeur : des messages personnels ou administratifs
De courts passages d'enregistrements radiophoniques

A2
Niveau intermédiaire ou de survie

Compétence	**Lire**
Aptitude	**Compréhension écrite**

SAVOIR-FAIRE

Comprendre une lettre personnelle
Reconnaître différents types de lettres : demande d'informations, commandes, confirmations.

Comprendre les signes et panneaux courants
Comprendre l'information d'une lettre, de brochures publicitaires
Comprendre les faits décrits dans des articles informatifs simples

Suivre un mode d'emploi
Comprendre un règlement rédigé simplement

ACTES DE PAROLE

Caractériser qqn ou qqch
– décrire un objet
– décrire un lieu

Se situer dans l'espace
– indiquer une direction
– situer un objet ou une personne
– situer un lieu

Se situer dans le temps
– situer des événements dans le temps   *exprimer le moment d'une action*

Demander qqch à qqn
– demander des informations

Demander à qqn de faire qqch
– commander / décommander
– donner une instruction   *(mode d'emploi)*
– interdire / défendre   *(règlement)*

Accepter qqch
– accepter une proposition
– accepter un rendez-vous

Parler du passé
– raconter des événements au passé   *raconter un fait divers*

Parler du futur
– exprimer une prévision

CONTENUS GRAMMATICAUX

Le présent de l'indicatif
Les verbes à une base / deux bases / trois bases
Les verbes usuels : venir / aller / mettre / savoir / voir / prendre
Les verbes pronominaux :
– verbes réfléchis *(se lever, s'habiller…)*
– verbes réciproques *(se rencontrer, se regarder…)*

L'impératif positif et négatif – *l'instruction, la directive*
Il faut / il ne faut pas + infinitif
Quelques verbes + infinitif (vouloir / pouvoir / devoir…)
Le passé composé – *événements dans le passé*
L'imparfait – description dans le passé (il était, il y avait, il faisait…)
Le conditionnel présent – *la politesse, la proposition (on pourrait + infinitif)*
Le futur simple – *la prévision*

L'interrogation : adjectifs et pronoms interrogatifs
Les adjectifs (place et accord)
Les pronoms COD / COI – les verbes indirects
(ex : parler / téléphoner / demander… à qqn)

Le pronom complément y – *le lieu*
Le pronom complément en (partitif) – *la quantité*

La localisation temporelle : quelques prépositions (quand, pendant)

La localisation spatiale : quelques prépositions et adverbes de lieu

Quelques articulateurs logiques simples : mais / parce que

LEXIQUE

Les lieux : le café, le restaurant, les commerces, la banque,
le bureau de poste, l'hôtel, la rue…
Les loisirs : le sport, les sorties, les spectacles, les voyages
Les moyens de transport : le métro, le bus, le train, le taxi…
La vie quotidienne : le travail, les achats, les activités quotidiennes
Les objets du quotidien
Les actions de la vie quotidienne
Les aliments, les repas, la cuisine

SOCIOCULTUREL

L'invitation
Les rituels de la lettre personnelle
Les rituels de la lettre commerciale ou administrative

TYPE DE SUPPORTS

Des signes et panneaux courants (lieux publics et lieu de travail)
Des affiches publicitaires
Des brochures, des prospectus, des guides touristiques
Des horaires
Des pages d'annuaire (les Pages jaunes / des pages Internet)
Des menus
Des recettes de cuisine
Des modes d'emploi simples (d'appareils, de jeux de société)
Des règlements simples, des consignes de sécurité
De courts articles de journaux de type informatif (faits divers)
Des faire-part
Des lettres personnelles courtes et simples
Des lettres standard habituelles (informations, commandes,
confirmations…)

A2
Niveau intermédiaire ou de survie

compétence	S'exprimer oralement en continu
Aptitude	Expression orale

SAVOIR-FAIRE
Décrire ou présenter des gens
Décrire des conditions de vie
Décrire des activités quotidiennes
Décrire ses goûts
Décrire des lieux
Décrire des choses
Faire la description brève d'un événement
Comparer brièvement des objets
Expliquer pourquoi une chose plaît ou déplaît
Exprimer ses opinions
Donner brièvement des justifications
Expliquer ses projets

ACTES DE PAROLE

Présenter qqn
– donner son identité ou l'identité de qqn
– parler de son environnement quotidien   *parler de son lieu de vie*
                                              parler de son travail
                                              parler de sa famille
                                              parler de ses loisirs

Caractériser qqn ou qqch
– décrire une personne   *décrire le physique de qqn*
                                              décrire les goûts de qqn
                                              parler des habitudes de qqn
– décrire un lieu   *décrire une ville, un pays*
                                              décrire un paysage
– décrire un objet
– exprimer l'appartenance
– comparer   *comparer des choses et des personnes*

Se situer dans le temps
– situer des événements dans le temps   *exprimer le moment d'une action*
                                              exprimer la fréquence

Se situer dans l'espace
– situer un objet ou une personne
– situer un lieu

Parler du passé
– raconter des événements au passé   *raconter un fait divers*

Exprimer un sentiment positif
– exprimer ses goûts
– exprimer son intérêt

Exprimer un sentiment négatif
– exprimer son dégoût
– exprimer son désintérêt

Parler de l'avenir
– parler de ses projets

Exprimer une opinion/argumenter
– exposer   *illustrer / donner des exemples*

CONTENUS GRAMMATICAUX

Le présent de l'indicatif – *l'habitude + l'état*
Les verbes à une et deux bases
Les verbes pronominaux : verbes réfléchis *(se lever, s'habiller…)*,
verbes réciproques *(se rencontrer, se regarder…)*
Les verbes usuels *(verbes d'état et de mouvement / les actions
quotidiennes)*
Quelques verbes + infinitif (vouloir / pouvoir / devoir)
Le passé composé – *événements dans le passé*
Les participes passés (sans développer les accords)
L'imparfait – *description dans le passé (il était / il y avait / il faisait…)*
Le passé récent (venir de)
Le futur proche – *l'événement proche dans le temps / le futur plus
ou moins lointain*
Le futur simple – *les projets d'avenir*

L'interrogation : adjectifs et pronoms interrogatifs
La phrase exclamative (Quel… !)

Les adjectifs (place et accord)
Les adjectifs possessifs
Les pronoms COD et COI – les verbes indirects
(ex : parler / téléphoner / demander… à qqn)

Les pronoms démonstratifs

Les adjectifs indéfinis (tout/toute/tous/toutes)

La négation : ne… jamais / ne… plus / ne… rien / ne… personne

La localisation temporelle :
– quelques prépositions de temps (quand, pendant)
– quelques adverbes de fréquence (souvent / toujours…)

La localisation spatiale : quelques prépositions et adverbes de lieu
La localisation spatiale : aller à / venir de
Le pronom complément y – *le lieu*

Les adverbes d'intensité (très, trop…)
La *comparaison :* comparatifs du nom / de l'adjectif

Le complément du nom (en ou de) – *la matière*
Le complément du nom (à ou de) – *l'usage, la contenance*

Quelques articulateurs logiques simples : mais / parce que

LEXIQUE

Les personnes : la famille, la description physique
Les pays, la géographie, les paysages, les villes
Les lieux : le café, le restaurant, les commerces, la banque, le bureau
de poste, l'hôtel, la rue…
Les loisirs : le sport, les sorties, les spectacles, les voyages
Les moyens de transport : le métro, le bus, le train, le taxi…
La vie quotidienne : le travail, les achats, les activités quotidiennes
Les actions de la vie quotidienne
Le logement : les pièces de la maison, la décoration
Les objets du quotidien
Les aliments, les repas, la cuisine
Les animaux familiers
Les événements : rencontres, soirées, fêtes de famille

SOCIOCULTUREL

Les salutations et les formules de politesse
Les remerciements
La prise de parole

A2
Niveau intermédiaire ou de survie

Compétence	Prendre part à une conversation
Aptitude	Interaction orale

SAVOIR-FAIRE

Saluer, se présenter, présenter qqn, remercier
Poser des questions
Répondre à des questions
Échanger des idées et des renseignements
Utiliser des formules de politesse simples
Faire / accepter une offre, une invitation, des excuses

Dire ce qu'on aime ou non
Discuter de l'organisation d'une rencontre et de ses préparatifs
Discuter du programme de la soirée ou du week-end
Faire des suggestions et réagir à des propositions
Exprimer son accord ou son désaccord
Donner son avis sur des problèmes pratiques
Demander des objets et en donner
Obtenir et fournir des biens et des services
Demander et fournir des renseignements personnels
Discuter du futur proche
Demander des directives et en donner
Demander son chemin
Expliquer son chemin à l'aide d'une carte
Acheter des billets
Effectuer des transactions simples
Commander un repas

Commencer, poursuivre et terminer une brève conversation
Attirer l'attention
Indiquer qu'on suit ce qui se dit
Demander de répéter en cas d'incompréhension
Demander la clarification des mots-clés

ACTES DE PAROLE

Entrer en contact avec qqn
– interpeller qqn
– saluer qqn
– prendre congé
– demander / donner des nouvelles
– accueillir qqn
– féliciter qqn

Présenter qqn
– donner son identité / l'identité de qqn
– parler de son environnement quotidien

parler de son lieu de vie
parler de son travail
parler de sa famille
parler de ses loisirs

Caractériser qqch
– décrire un objet

décrire l'aspect d'un objet (forme, matière)
décrire la taille / le poids d'un objet

Se situer dans l'espace
– indiquer une direction

indiquer une provenance
décrire un itinéraire
exprimer une distance

Demander qqch à qqn
– demander des informations

demander un prix
demander une quantité
demander son chemin

– demander un avis
– demander un accord
– s'excuser

Demander à qqn de faire qqch
– demander de l'aide ou un service   *demander un objet à qqn*
– donner des instructions
– commander / réserver
– décommander
– demander de payer

Proposer qqch à qqn
– proposer de l'aide ou un service
– inviter
– offrir
– proposer une sortie ou un rendez-vous

Accepter qqch
– répondre par l'affirmative
– accepter de l'aide ou un service
– accepter une invitation
– accepter des excuses
– accepter une sortie ou un rendez-vous
– accepter une proposition ou une suggestion

Refuser qqch
– répondre par la négative
– refuser une proposition
– refuser une invitation
– annuler / reporter une sortie ou un rendez-vous

Exprimer un sentiment positif
– remercier qqn
– exprimer ses goûts
– exprimer son intérêt

Exprimer un sentiment négatif
– exprimer son dégoût
– exprimer son désintérêt

Exprimer une opinion
– approuver
– désapprouver
– exprimer la possibilité

Parler de l'avenir
– exprimer une intention
– exprimer sa volonté

Participer à une conversation
– engager une conversation
– continuer une conversation
– terminer une conversation
– dire qu'on comprend / dire qu'on ne comprend pas
– faire répéter
– faire préciser

CONTENUS GRAMMATICAUX

Le présent de l'indicatif – *l'habitude, l'état, l'action présente*
Les verbes à une, deux et trois bases
Les verbes pronominaux :
– verbes réfléchis *(se lever, s'habiller…)*
– verbes réciproques *(se rencontrer, se regarder…)*
Les verbes usuels *(verbes d'état et de mouvement / les actions quoti-diennes)*
Quelques verbes + infinitif (vouloir / pouvoir / devoir)

L'impératif positif et négatif – *l'instruction, la directive, l'ordre, le conseil*
Le futur proche – *l'événement proche dans le temps / le futur plus ou moins lointain*
Le conditionnel présent
– *l'invitation, la proposition (on pourrait + infinitif…)*
– *le conditionnel de politesse (j'aimerais, pourriez-vous…)*
Si + imparfait – *la proposition*
Le futur simple – *les projets d'avenir, la prévision*
Le passé récent (venir de)
Le présent progressif (être en train de) – *l'action présente*

La phrase interrogative : adjectifs et pronoms interrogatifs
La phrase interro-négative et les réponses si / non – moi aussi / moi non plus…
La phrase exclamative (quel, que, comme…!)

La négation : ne pas / ne jamais / ne rien / ne personne

Les trois valeurs du « on » : nous, ils, quelqu'un

Les adjectifs (place et accord)
Les possessifs (adjectifs et pronoms)

les pronoms COD et COI – les verbes indirects
(ex : parler / téléphoner / demander… à qqn)

Les pronoms compléments (en / y) – le lieu *(ex : on y va / vas-y / j'en viens…)*

La localisation spatiale :
– les prépositions de lieu
– les adverbes de lieu
– aller à / être à / venir de + lieu

Les adjectifs indéfinis (tout/toute/tous/toutes)
Les nombres ordinaux – *la direction*

La quantité déterminée (un kilo de / une bouteille de…)
La quantité : la comparaison (moins de… que / autant de… que)
Le pronom partitif « en » (expression de la quantité)
Les adverbes d'intensité (très, trop…)

LEXIQUE

Les lieux : le café, le restaurant, les commerces, la banque, le bureau de poste, l'hôtel, la rue…
Les loisirs : le sport, les sorties, les spectacles, les voyages
Les moyens de transport : le métro, le bus, le train, le taxi…
La vie quotidienne : le travail, les achats, les activités quotidiennes
Le logement : les pièces de la maison, la décoration
Les objets du quotidien
Les actions de la vie quotidienne
L'itinéraire
Les événements : soirées, fêtes de familles, visites, excursions

SOCIOCULTUREL

L'usage du « tu » ou du « vous »
Les salutations et les formules de politesse
La conversation informelle
Les rituels de la conversation téléphonique
L'invitation
Les remerciements
Les excuses
La gestuelle et l'organisation de l'espace

TYPE DE SUPPORTS

Des plans de villes
Des programmes de spectacle
Des programmes télé
Des guides touristiques

A2

Niveau intermédiaire ou de survie

Compétence	**Écrire**
Aptitude	**Expression écrite**

SAVOIR-FAIRE

Écrire une lettre personnelle très simple.
Exprimer remerciements ou excuses

Écrire une suite de phrases simples :
– sur sa famille
– sur ses conditions de vie
– sur sa formation / son travail

Écrire sur les aspects quotidiens de son environnement

Faire une description brève d'un événement, d'activités passées, d'expériences personnelles.

ACTES DE PAROLE

Présenter qqn
– parler de son environnement quotidien   *parler de son lieu de vie*
                                                 parler de son travail
                                                 parler de sa famille
                                                 parler de ses loisirs

Caractériser qqn ou qqch
– décrire une personne   *parler des habitudes de qqn*
– décrire un objet
– décrire un lieu

Se situer dans le temps
– situer des événements dans le temps   *exprimer le moment d'une action*
                                                 exprimer la fréquence

Se situer dans l'espace
– situer un objet ou une personne
– situer un lieu

Demander qqch à qqn
– demander pardon / s'excuser

Exprimer un sentiment positif
– remercier qqn

Parler du passé
– raconter des événements passés   *raconter un fait divers*
                                                 raconter une expérience personnelle

– évoquer des souvenirs

CONTENUS GRAMMATICAUX

Le présent de l'indicatif – *l'habitude* + *l'état*
Les verbes à une et deux bases
Les verbes pronominaux :
– verbes réfléchis *(se lever, s'habiller…)*
– verbes réciproques *(se rencontrer, se regarder…)*
Les verbes usuels *(verbes d'état et de mouvement / les actions quotidiennes)*
Quelques verbes + infinitif (vouloir / pouvoir / devoir)
Le passé composé (les participes passés) – *événements dans le passé*
L'imparfait – *description dans le passé (il y avait / j'étais / il faisait…)*

L'interrogation (adjectifs et pronoms interrogatifs)
La phrase exclamative (Quel… !)
La négation : ne pas / ne jamais / ne rien / ne personne

Les adjectifs (place et accord)
Les adjectifs possessifs
Les pronoms COD et COI – les verbes indirects
(ex : parler / téléphoner / demander… à qqn)

Les adjectifs indéfinis (tout/toute/tous/toutes)
Les trois valeurs du « on » : nous, ils, quelqu'un

La localisation temporelle :
– quelques prépositions de temps (quand, pendant)
– les adverbes de fréquence *(toujours / souvent / parfois / jamais…)*

La localisation spatiale : les prépositions et adverbes de lieu
Le pronom complément y – *le lieu*

Les pronoms relatifs simples (qui / que)

Quelques articulateurs logiques simples : mais / parce que

LEXIQUE

La famille
Les pays, la géographie, les paysages, les villes
Les lieux : le café, le restaurant, les commerces, la banque, le bureau de poste, l'hôtel, la rue…
Les loisirs : le sport, les sorties, les spectacles, les voyages
Les moyens de transport : le métro, le bus, le train, le taxi…
La vie quotidienne : le travail, les achats, les activités quotidiennes
Les actions de la vie quotidienne
Le logement : les pièces de la maison, la décoration
Les objets du quotidien
Les aliments, les repas, la cuisine
Les animaux familiers
Les événements : soirées, fêtes de famille, visites, excursions

SOCIOCULTUREL

Les rituels du message personnel (lettre / e-mail / faire-part)
Les remerciements
Les excuses
L'invitation

TYPE DE SUPPORTS

Des lettres personnelles courtes et simples
Des faire-part, des cartons d'invitation
Des e-mails

B1
Niveau seuil

Description globale

« L'apprenant peut comprendre les points essentiels quand un langage clair et standard est utilisé et s'il s'agit de choses familières dans le travail, à l'école, dans les loisirs, etc. Il peut se débrouiller dans la plupart des situations rencontrées en voyage dans une région où la langue cible est parlée. Il peut produire un discours simple et cohérent sur des sujets familiers et dans ses domaines d'intérêt. Il peut raconter un événement, une expérience ou un rêve, décrire un espoir ou un but et exposer brièvement des raisons ou des explications pour un projet ou une idée. »

Écouter

Peut comprendre les points essentiels quand un langage clair et standard est utilisé et s'il s'agit de sujets familiers concernant le travail, l'école, les loisirs, etc. Peut comprendre l'essentiel de nombreuses émissions de radio ou de télévision sur l'actualité ou sur des sujets qui l'intéressent à titre personnel ou professionnel si l'on parle d'une façon relativement lente et distincte.

Lire

Peut comprendre des textes rédigés essentiellement dans une langue courante ou relative à son travail. Peut comprendre la description d'événements, l'expression de sentiments et de souhaits dans des lettres personnelles.

S'exprimer oralement en continu

Peut s'exprimer de manière simple afin de raconter des expériences et des événements, ses rêves, ses espoirs ou ses buts. Peut brièvement donner les raisons et explications de ses opinions ou projets. Peut raconter une histoire ou l'intrigue d'un livre ou d'un film et exprimer ses réactions.

Prendre part à une conversation

Peut faire face à la majorité des situations que l'on peut rencontrer dans une région où la langue est parlée. Peut prendre part sans préparation à une conversation sur des sujets familiers ou d'intérêt personnel ou qui concernent la vie quotidienne (par exemple : famille, loisirs, travail, voyage et actualité).

Écrire

Peut écrire un texte simple et cohérent sur des sujets familiers ou qui l'intéressent personnellement. Peut écrire des lettres personnelles pour décrire expériences et impressions.

Étendue

L'apprenant possède assez de moyens linguistiques et un vocabulaire suffisant pour s'en sortir avec quelques hésitations et quelques périphrases sur des sujets tels que la famille, les loisirs et centres d'intérêt, le travail, les voyages et l'actualité.

Cohérence

Il peut relier une série d'éléments courts, simples et distincts en une suite linéaire de points qui s'enchaînent.

B1 – SAVOIR-FAIRE GÉNÉRAUX
Chapitre 3.6. du Cadre européen commun de référence pour les langues
(« Cohérence du contenu des niveaux communs de référence »)

À l'issue du niveau B1, l'apprenant doit être capable de :
– suivre les points principaux d'une discussion assez longue à son sujet (à condition que la diction soit claire et la langue standard)
– donner ou solliciter des avis et opinions dans une discussion informelle entre amis
– poursuivre une conversation ou une discussion
– se débrouiller dans une situation imprévue dans les transports en commun
– faire face à l'essentiel de ce qui peut arriver lors de l'organisation d'un voyage chez un voyagiste ou au cours du voyage
– intervenir sans préparation dans des conversations sur des sujets familiers
– faire une réclamation
– prendre des initiatives lors d'un entretien ou d'une consultation
– demander à quelqu'un d'éclaircir ou de préciser ce qu'il vient de dire
– prendre des messages sur des demandes de renseignements
– expliquer une difficulté
– apporter l'information concrète exigée dans un entretien ou une consultation (mais avec une précision limitée)
– expliquer pourquoi quelque chose pose problème
– donner son opinion sur une nouvelle, un article, un exposé, une discussion, un entretien, un documentaire et répondre à des questions de détail complémentaire ; les résumer
– mener à bien un entretien préparé en vérifiant et confirmant l'information
– décrire comment faire quelque chose et donner des instructions détaillées
– échanger avec une certaine assurance une grande quantité d'informations factuelles sur des questions habituelles ou non dans son domaine

B1
Niveau seuil

Compétence	Écouter
Aptitude	Compréhension orale

SAVOIR-FAIRE

Comprendre une information factuelle directe : travail, école, loisirs, voyages…

Comprendre des récits courts
Comprendre une grande partie des programmes télévisés

Suivre les points principaux d'une longue discussion
Suivre une conférence ou un exposé

Comprendre des informations techniques simples
Suivre des directives détaillées

ACTES DE PAROLE

Présenter qqn
– parler de son environnement quotidien

Caractériser qqn ou qqch
– décrire une personne
– décrire un objet
– décrire un lieu
– décrire un phénomène / un fait   *décrire un fait de société*

Situer dans le temps
– situer des événements dans le temps

Situer dans l'espace
– situer un objet ou une personne
– situer un lieu

Demander à qqn de faire qqch
– donner des instructions
– donner un ordre

Exprimer un sentiment positif
– exprimer (partiellement) ses goûts

Parler du passé
– raconter un événement au passé

Argumenter
– exposer
– analyser
– démontrer

CONTENUS GRAMMATICAUX

Les temps du passé :
– passé composé ou imparfait – *situation ou événement dans le récit au passé*
– l'accord du participe passé avec le sujet (auxiliaire être) / avec le COD (auxiliaire avoir)
– le plus-que-parfait – *action antérieure à une autre action dans le récit*

Le discours rapporté au présent et au passé
La concordance des temps
Le subjonctif – *la possibilité, l'obligation*

Le passif
– *la description d'une action / la mise en valeur du sujet de la phrase à la place du pronom « on » (quand on ne connaît pas l'auteur de l'action)*

Le gérondif – *la manière, la condition, la simultanéité*

Les doubles pronoms
Les pronoms possessifs
Les pronoms démonstratifs

La localisation temporelle : les prépositions et adverbes de temps

La localisation spatiale : les prépositions et adverbes de lieu

Les articulateurs chronologiques du discours
(d'abord, ensuite, enfin / premièrement, deuxièmement…)

Les articulations logiques simples : cause, conséquence, opposition
(donc / puisque / comme / alors / pourtant / alors que…)

La conjonction « pour que » + subjonctif

LEXIQUE

La vie quotidienne : les loisirs, les sorties, les achats, les transports en commun, les voyages…

Les personnes : la description physique, les vêtements, les sentiments

Les événements : rencontres, incidents, accidents, phénomènes naturels…

Le monde professionnel : l'entreprise, l'emploi
L'école, le système scolaire, la formation

Les médias : les programmes télévisés, les journaux, Internet, quelques sujets d'actualité (vie quotidienne et faits de société)

SOCIOCULTUREL

Les discours formels : domaine journalistique / domaine professionnel

TYPE DE SUPPORTS

Des bulletins d'informations / revues de presse radiophoniques
Des documentaires radiodiffusés (sujets d'intérêt personnel)
Des programmes télévisés : brèves interviews, émissions et journal télévisé
Des films (intrigue simple)
Des conférences ou exposés (sujets familiers)
Des enregistrements de discussions entre natifs (langue standard)

B1
Niveau seuil

Compétence	Lire
Aptitude	**Compréhension écrite**

SAVOIR-FAIRE
Comprendre des lettres personnelles : la description d'événements, de sentiments, de souhaits
Comprendre tout type d'écrits quotidiens (brochures, notes, catalogues…)
Comprendre les points significatifs d'un article de journal
Reconnaître le schéma argumentatif d'un texte
Identifier les conclusions d'un texte argumentatif
Comprendre des textes rédigés dans une langue courante relative au domaine professionnel

ACTES DE PAROLE

Caractériser qqn ou qqch

– décrire une personne
décrire le physique de qqn
décrire le caractère de qqn

– décrire un objet
– décrire un lieu
– décrire un phénomène / un fait
décrire un fait de société
décrire un phénomène naturel

Situer dans le temps

– situer des événements dans le temps
indiquer l'origine / le moment d'une action
indiquer la durée d'une action

Situer dans l'espace

– situer un objet / une personne / un lieu

Exprimer un sentiment positif

– exprimer sa joie

Exprimer un sentiment négatif

– exprimer sa tristesse
– exprimer sa déception
– exprimer son ennui
– exprimer sa peur
– exprimer des regrets

Exprimer un sentiment positif ou négatif

– exprimer sa surprise
– exprimer la curiosité
– exprimer l'indifférence

Parler du passé

– raconter un événement au passé
raconter un fait divers
raconter une expérience personnelle

Parler de l'avenir

– exprimer un souhait / faire un vœu
– exprimer la condition

Argumenter

– exposer
introduire
développer
hiérarchiser
conclure

Se reporter également aux macro-actes référencés en A1 et A2.

CONTENUS GRAMMATICAUX

Les temps du passé :
– passé composé ou imparfait – *situation ou événement dans le récit au passé*
– l'accord du participe passé avec le sujet (être) / avec le COD (avoir)
– le plus-que-parfait – *action antérieure à une autre action dans le récit*
Le conditionnel présent – *le souhait (« j'aimerais », « je voudrais », « ça me ferait plaisir de »…)*
Le conditionnel passé – *le regret*
La concordance des temps
Le subjonctif – *la possibilité, l'obligation*

Quelques verbes de sentiments + subjonctif
Quelques verbes d'opinion + subjonctif

Le discours rapporté au présent et au passé

Le passif – *la description d'une action / la mise en valeur du sujet de la phrase à la place du pronom « on » (quand on ne connaît pas l'auteur de l'action)*

Le gérondif – *la manière, la condition, la simultanéité*

L'expression de l'hypothèse :
– l'expression de l'hypothèse certaine *(la condition)* : si + présent / futur
– l'expression de l'hypothèse incertaine : si + imparfait / conditionnel présent
– l'expression de l'hypothèse non réalisée *(le regret)* : si + plus-que-parfait / conditionnel passé

La localisation temporelle :
– les prépositions de temps :
– l'expression de la durée (pendant / depuis)
– l'expression du moment (dans / il y a)
Les adverbes de temps : expression du futur et du passé

La localisation spatiale : les prépositions et les adverbes de lieu

Les adverbes de manière (en -ment)
La négation : sans + infinitif

Les doubles pronoms
Les pronoms relatifs simples (qui, que, dont, où)

Les articulateurs chronologiques du discours
(d'abord, ensuite, enfin / premièrement, deuxièmement…)

Les articulations logiques simples : cause, conséquence, opposition
(donc / puisque / comme / alors / pourtant / alors que…)

La conjonction « pour que » + subjonctif

LEXIQUE

La vie quotidienne : les loisirs, les sorties, les achats, les transports en commun, les voyages…
Les personnes : les sentiments
Les lieux : la ville, la campagne, la géographie physique…
Les événements : accidents, phénomènes naturels…

Le monde professionnel : l'entreprise, l'emploi
L'école, le système scolaire, la formation

Les médias : les programmes télévisés, les journaux, Internet, quelques sujets d'actualité (vie quotidienne et faits de société)

SOCIOCULTUREL

La communication écrite dans l'entreprise
Le style journalistique
La structure argumentative du discours
Les sujets de polémique

TYPE DE SUPPORTS

Tout type d'écrits quotidiens (annonces, brochures, affiches…)
Des articles de journaux et de revues
Des textes de type argumentatif
Des nouvelles, des contes
Des modes d'emploi
Des textes de nature professionnelle (notes de service, lettres circulaires…)
Des CV et lettres de motivation
De courts documents officiels
Des lettres personnelles
Des lettres administratives

B1

Niveau seuil

compétence	S'exprimer oralement en continu
Aptitude	Expression orale

SAVOIR-FAIRE

Raconter un événement, une expérience ou un rêve
Raconter une histoire, l'intrigue d'un livre ou d'un film
Faire une description simple

Rapporter une histoire

Relater en détail ses expériences en décrivant ses sentiments et ses réactions

Décrire un espoir ou un but

Exposer brièvement les raisons et explications de ses opinions, projets et actions

Développer une argumentation

ACTES DE PAROLE

Caractériser qqn ou qqch
– décrire une personne

décrire le physique de qqn
décrire le caractère de qqn

– décrire un objet
– décrire un lieu
– décrire un phénomène / un fait

décrire un fait de société
décrire une activité artistique

Situer dans le temps
– situer des événements dans le temps

Situer dans l'espace
– situer un objet / une personne / un lieu

Exprimer un sentiment positif
– exprimer sa joie

Exprimer un sentiment négatif
– exprimer sa tristesse
– exprimer sa déception
– exprimer son ennui
– exprimer sa peur
– exprimer des regrets

Exprimer un sentiment positif ou négatif
– exprimer sa surprise
– exprimer la curiosité
– exprimer l'indifférence

Parler du passé
– raconter un événement au passé

raconter une anecdote personnelle
raconter une histoire (réelle ou fictive)
raconter l'évolution d'une situation

– évoquer des souvenirs

Parler de l'avenir
– exprimer un souhait / faire un vœu
– exprimer une intention
– parler de ses projets

Exprimer une opinion
– faire des hypothèses
– exprimer la possibilité
– exprimer la condition
– exprimer la certitude

Rapporter les paroles de qqn
– rapporter un discours

Argumenter
– exposer

exposer des raisons
introduire un sujet
développer des arguments
hiérarchiser
conclure

Se reporter également aux macro-actes référencés en A1 et A2

CONTENUS GRAMMATICAUX

Les temps du passé :
– passé composé ou imparfait – *situation ou événement dans le récit au passé*
– l'accord du participe passé avec le sujet (auxiliaire être) / avec le COD (auxiliaire avoir)
– le plus-que-parfait – *action antérieure à une autre action dans le récit*
L'imparfait / le passé composé / le présent – *l'évolution d'une situation*
Le futur simple – *les projets d'avenir*
Le futur simple, le futur proche ou le présent – *futur plus ou moins lointain*
Le conditionnel présent – *le souhait, le désir, l'hypothèse (faits imaginaires*
Le conditionnel passé – *le regret*

La concordance des temps
Le subjonctif – *la possibilité, l'obligation*
Quelques verbes d'opinion + subjonctif
Quelques verbes de sentiments + subjonctif
Le discours rapporté au présent et au passé

Le passif – *la description d'une action / la mise en valeur du sujet de la phrase à la place du pronom « on » (quand on ne connaît pas l'auteur de l'action)*

Le gérondif – *la manière, la condition, la simultanéité*

L'expression de l'hypothèse :
– l'expression l'hypothèse certaine *(la condition) :* si + présent / futur
– l'expression de l'hypothèse incertaine : si + imparfait / conditionnel présent
– l'expression de l'hypothèse non réalisée *(le regret) :*
   – si + plus-que-parfait / conditionnel passé
   – si + plus-que-parfait / conditionnel présent

La localisation temporelle : les prépositions de temps
– l'expression de la durée (pendant / depuis)
– l'expression du moment (dans / il y a)
Les adverbes de temps : expression du passé ou du futur

La localisation spatiale : les prépositions et les adverbes de lieu

Les pronoms relatifs simples (qui, que, dont, où)
La restriction : ne… que

Les adverbes de manière (en -ment)
La comparaison : comparatifs des verbes / de l'adverbe

Les articulateurs chronologiques du discours
(d'abord, ensuite, enfin / premièrement, deuxièmement…)

Les articulations logiques simples : cause, conséquence, opposition
(donc / puisque / comme / alors / pourtant / alors que…)

La conjonction « pour que » + subjonctif

LEXIQUE

La vie quotidienne : les loisirs, les sorties, les achats, les transports en commun, les voyages…

Les personnes : la description physique, le caractère, les vêtements, les sentiments

Les lieux : la ville, la campagne, la géographie physique…

Les événements : rencontres, incidents, accidents, phénomènes naturels…

Les médias : les programmes télévisés, les journaux, Internet,

Les sujets d'actualité (vie quotidienne et faits de société)

Les arts : le cinéma, la littérature romanesque

SOCIOCULTUREL

La prise de parole : commencer et terminer un exposé

TYPE DE SUPPORTS

Des nouvelles, des contes, des romans, des pièces de théâtre
Des films

B1
Niveau seuil

Compétence	Prendre part à une conversation
Aptitude	Interaction orale

SAVOIR-FAIRE

Échanger de l'information : famille, loisirs, travail, voyages, faits divers

Faire face à la plupart des situations en voyage : voyage, préparation de voyage, hébergement, autorités à l'étranger
Formuler une plainte : magasin, bureau de poste, banque
Décrire des symptômes à un médecin / décrire un état physique

Transmettre une information factuelle
Demander des directives détaillées
Donner des instructions détaillées

S'exprimer sur des sujets abstraits ou culturels

Exprimer des sentiments : la surprise, la joie, la tristesse, la curiosité, l'indifférence

Émettre ou solliciter un point de vue personnel / exprimer ses convictions
Exprimer son accord et son désaccord
Expliquer pourquoi quelque chose pose problème
Discuter pour trouver une solution à un problème
Rapporter en partie ce qu'un interlocuteur a dit
Commenter brièvement le point de vue d'autrui
Inviter les autres à donner leur point de vue
Résumer un bref récit, un article, un exposé, une interview, un documentaire
et donner son opinion

Conduire un entretien préparé
Fournir des renseignements concrets (pendant un entretien)

Commencer, poursuivre, terminer une conversation
Utiliser une expression adéquate pour prendre la parole
Inviter quelqu'un à se joindre à la conversation
Résumer et faire le point dans une conversation
Faciliter la suite de la conversation
Reformuler les dires de l'interlocuteur
Demander à quelqu'un de clarifier ou de développer

Prendre part à une conversation formelle :
– échanger des informations factuelles
– discuter de solutions à des problèmes pratiques

ACTES DE PAROLE

Présenter qqn
– parler de son environnement quotidien

Caractériser qqn ou qqch
– décrire une personne   *décrire le physique de qqn*
                                                    décrire le caractère de qqn
                                                      décrire des problèmes de santé
– comparer   *comparer des faits*
                                                      comparer des idées

Se situer dans le temps
– situer des événements dans le temps   *indiquer l'origine / le moment*
                                                    d'une action
                                                    indiquer la durée d'une action

Demander qqch à qqn
– demander des informations
– demander un avis
– demander un conseil
– demander une autorisation

Demander à qqn de faire qqch
– commander / réserver
– demander de payer
– demander un service
– réclamer qqch
– donner des instructions
– conseiller / déconseiller

Accepter qqch
– autoriser / permettre / donner son accord

Parler du passé
– raconter des événements passés

Parler de l'avenir
– exprimer une prévision / une prédiction
– parler de ses projets
– promettre

Exprimer un sentiment positif
– exprimer ses goûts
– exprimer son intérêt

– exprimer sa joie
– rassurer qqn

exprimer un sentiment négatif
– exprimer sa tristesse
– exprimer des regrets
– se plaindre
– faire un reproche à qqn

Exprimer un sentiment positif ou négatif
– exprimer sa surprise
– exprimer la curiosité
– exprimer l'indifférence

Exprimer une opinion / un jugement
– dire du bien / faire l'éloge de qqch / qqn
– dire du mal / critiquer qqch / qqn
– faire des hypothèses / des suppositions
– exprimer la possibilité
– exprimer la certitude
– exprimer le doute
– approuver
– désapprouver

Rapporter les paroles de qqn
– présenter des opinions
– rapporter un discours
– reformuler

Argumenter
– justifier son point de vue
– exposer   *exposer un problème*
– analyser   *expliquer un problème*
– démontrer   *exprimer une solution*
– marquer une opposition

Participer à une conversation
– engager la conversation
– continuer une conversation
– mettre fin à une conversation
– faire préciser
– faire patienter qqn

Se reporter également aux macro-actes référencés en A1 et A2

CONTENUS GRAMMATICAUX

Les temps du passé : passé composé ou imparfait – *situation ou événement dans le récit au passé*

L'impératif – *le conseil, l'ordre*

Le futur simple – *la prévision, la promesse*

Le futur simple, le futur proche ou le présent – *prévision plus ou moins sûre*

Le conditionnel présent – *l'hypothèse, le souhait + le conseil (avec tu / vous)*

Le conditionnel passé – *le regret, le reproche*

Le subjonctif – *la possibilité, l'obligation*

Le discours rapporté au présent

Le discours rapporté au passé

Le passif – *la description d'une action / la mise en valeur du sujet de la phrase à la place du pronom « on » (quand on ne connaît pas l'auteur de l'action)*

Le gérondif – *la manière, la condition, la simultanéité*

Quelques verbes d'ordre + subjonctif

Quelques verbes d'opinion + subjonctif

Quelques verbes de sentiments + subjonctif

L'expression de l'hypothèse :
– l'expression l'hypothèse certaine *(la condition) :*
  – si + présent / futur
  – si + passé composé / présent, futur ou impératif
– l'expression de l'hypothèse incertaine : si + imparfait / conditionnel présent
– l'expression du l'hypothèse non réalisée *(le regret) :*
  – si + plus-que-parfait / conditionnel passé
  – si + plus-que-parfait / conditionnel présent

La comparaison : le superlatif de l'adjectif / de l'adverbe (le mieux / le meilleur)

Les doubles pronoms

La double négation (ni… ni…)

La restriction (ne… que)

Les indéfinis (adjectifs et pronoms)

Les articulations logiques simples : cause, conséquence, opposition (donc / puisque / comme / alors / pourtant / alors que…)

La conjonction « pour que » + subjonctif

LEXIQUE

La vie quotidienne : la famille, les relations personnelles, les loisirs, les sorties, les achats, les transports, les voyages, l'hébergement, les autorités…

Les personnes : le corps, la santé, le caractère, les vêtements, les sentiments
Les lieux : la ville, la campagne, la géographie physique…

Le monde professionnel : l'entreprise, l'emploi
L'école, le système scolaire, la formation

Les médias : les programmes télévisés, les journaux, Internet, les sujets d'actualité (vie quotidienne, faits divers et faits de société)

Des sujets culturels : cinéma, littérature, peinture, spectacles…

SOCIOCULTUREL

Le goût de la conversation : convivialité, aspect informel de la conversation, fonction phatique du langage et oralité, gestuelle…

Le débat et l'argumentation
La prise de parole : interrompre qqn

Le monde professionnel et la conversation formelle

TYPE DE SUPPORTS

De brefs récits, des nouvelles
Des articles de presse (journaux, revues)
Des émissions radiophoniques ou télévisuelles (documentaires, interviews…)

B1
Niveau seuil

Compétence	Écrire
Aptitude	**Expression écrite**

SAVOIR-FAIRE

Écrire des textes articulés simplement
Écrire des descriptions détaillées simples
Faire un compte rendu d'expériences : décrire ses sentiments
et ses réactions
Écrire la description d'un événement
Raconter une anecdote / faire un récit

Écrire des rapports très brefs
Écrire de brefs essais simples
Résumer une source d'informations factuelles : en faire le rapport,
justifier des actions et donner son opinion
Poser des questions sur un problème
Exposer un problème
Insister sur des points importants

Paraphraser de courts passages écrits
Résumer des éléments d'information issus de sources diverses

Écrire des lettres personnelles :
– donner des nouvelles
– décrire en détail expériences, sentiments et événements
– exprimer sa pensée sur un sujet abstrait ou culturel

ACTES DE PAROLE

Entrer en contact avec qqn
– demander / donner des nouvelles

caractériser qqn ou qqch
– décrire une personne

           décrire le physique de qqn
           décrire le caractère de qqn
           décrire des problèmes de santé

– décrire un objet
– décrire un lieu
– décrire un phénomène / un fait   *décrire une activité artistique*

Situer dans le temps
– situer des événements dans le temps   *indiquer l'origine / le moment d'une action*
           indiquer la durée d'une action

Situer dans l'espace
– situer un objet / une personne
– situer un lieu

Exprimer un sentiment positif
– exprimer sa joie

Exprimer un sentiment négatif
– exprimer sa tristesse
– exprimer sa déception
– exprimer son ennui
– exprimer sa peur
– exprimer des regrets

Exprimer un sentiment positif ou négatif
– exprimer sa surprise
– exprimer la curiosité
– exprimer l'indifférence

Exprimer une opinion / un jugement
– dire du bien / faire l'éloge de qqch / qqn
– dire du mal / critiquer qqch ou qqn

Parler du passé
– raconter des événements au passé   *raconter une anecdote personnelle*
           raconter une histoire (réelle ou fictive)
           raconter l'évolution d'une situation

Rapporter les paroles de qqn
– reformuler
– résumer   *résumer des faits*

Argumenter
– justifier son point de vue
– exposer   *introduire un sujet*
                                                 développer un sujet
                                                 conclure

– insister / mettre en relief

Se reporter également aux macro-actes référencés en A1 et A2.

CONTENUS GRAMMATICAUX

Les temps du passé :
– passé composé ou imparfait – *situation ou événement dans le récit au passé*
– l'accord du participe passé avec le sujet (auxiliaire être) / avec le COD (auxiliaire avoir)
– le plus-que-parfait – *action antérieure à une autre action dans le récit*
Le conditionnel passé – *le regret*
Le subjonctif – *la possibilité, l'obligation*

Quelques verbes d'opinion + subjonctif
Quelques verbes de sentiments + subjonctif

La concordance des temps
Le discours rapporté au présent et au passé

le passif – *la description d'une action / la mise en valeur du sujet de la phrase à la place du pronom « on » (quand on ne connaît pas l'auteur de l'action)*

Le gérondif – *la manière, la condition, la simultanéité*

Les indéfinis (pronoms et adjectifs)
Les doubles pronoms
Les pronoms relatifs simples (qui, que, dont, où)

Les adverbes de manière (en -ment)

Les tournures impersonnelles simples *(il est interdit de / il est utile de/ il est important de…)*

La localisation temporelle : les prépositions de temps (la durée et le moment : pendant / depuis / dans / il y a…)
Les adverbes de temps : expression du passé ou du futur

La localisation spatiale : les prépositions et adverbes de lieu

Les articulations logiques simples : cause, conséquence, opposition (donc / puisque / comme / alors / pourtant / alors que…)
La conjonction « pour que » + subjonctif

Les articulateurs chronologiques du discours
(d'abord, ensuite, enfin / premièrement, deuxièmement…)

LEXIQUE

La vie quotidienne : les loisirs, les sorties, les achats, les transports en commun, les voyages…

Les personnes : la description physique, le caractère, les vêtements, les sentiments

Les lieux : la ville, la campagne, la géographie physique…

Le monde professionnel : l'entreprise, l'emploi
L'école, le système scolaire, la formation

Les événements : rencontres, incidents, accidents, phénomènes naturels…

Les médias : les programmes télévisés, les journaux, Internet, les sujets d'actualité (vie quotidienne et faits de société)

Des sujets culturels : cinéma, littérature, peinture, spectacles…

SOCIOCULTUREL

Les rituels de la lettre formelle (domaine administratif, domaine professionnel)

TYPE DE SUPPORTS

Des sources d'information diverses : articles, documentaires, bulletins d'informations…
Des lettres personnelles
Des lettres de réclamation
Des rapports et comptes rendus

B2
Niveau avancé ou indépendant

Description globale
« L'apprenant peut comprendre le contenu essentiel de sujets concrets ou abstraits dans un texte complexe, y compris une discussion technique dans sa spécialité. Il peut communiquer avec un degré de spontanéité et d'aisance tel qu'une conversation avec un locuteur natif ne comporte de tension ni pour l'un ni pour l'autre. Il peut s'exprimer de façon claire et détaillée sur une grande gamme de sujets, émettre un avis sur un sujet d'actualité et exposer les avantages et les inconvénients de différentes possibilités. »

Écouter
Peut comprendre des conférences et des discours assez longs et même suivre une argumentation complexe si le sujet lui en est relativement familier. Peut comprendre la plupart des émissions de télévision sur l'actualité et les informations. Peut comprendre la plupart des films en langue standard.

Lire
Peut lire des articles et des rapports sur des questions contemporaines dans lesquels les auteurs adoptent une attitude particulière ou un certain point de vue. Peut comprendre un texte littéraire contemporain en prose.

S'exprimer oralement en continu
Peut s'exprimer de façon claire et détaillée sur une grande gamme de sujets relatifs à ses centres d'intérêt. Peut développer un point de vue sur un sujet d'actualité et expliquer les avantages et les inconvénients de différentes possibilités.

Prendre part à une conversation
Peut communiquer avec un degré de spontanéité et d'aisance qui rend possible une interaction normale avec un locuteur natif. Peut participer activement à une conversation dans des situations familières, présenter et défendre ses opinions.

Écrire
Peut écrire des textes clairs et détaillés sur une grande gamme de sujets relatifs à ses intérêts. Peut écrire un essai ou un rapport en transmettant une information ou en exposant des raisons pour ou contre une opinion donnée. Peut écrire des lettres qui mettent en valeur le sens qu'il attribue personnellement aux événements et aux expériences.

Étendue

L'apprenant possède une gamme assez étendue de langue pour pouvoir faire des descriptions claires, exprimer son point de vue et développer une argumentation sans chercher ses mots de manière évidente.

Cohérence

Il peut utiliser un nombre limité d'articulateurs pour lier ses phrases en un discours clair et cohérent bien qu'il puisse y avoir quelques « sauts » dans une longue intervention.

B2 – SAVOIR-FAIRE GÉNÉRAUX
Chapitre 3.6. du Cadre européen commun de référence pour les langues
(« Cohérence du contenu des niveaux communs de référence »)

À l'issue du niveau B2, l'apprenant doit être capable de :
– rendre compte de ses opinions et les défendre au cours d'une discussion en apportant les explications appropriées, des arguments, des commentaires
– développer un point de vue sur un sujet en soutenant les avantages et les inconvénients des différentes options
– construire une argumentation logique
– développer une argumentation en défendant ou en attaquant un point de vue donné
– exposer un problème en signifiant clairement que le partenaire de la négociation doit faire des concessions
– s'interroger sur les causes, les conséquences, les situations hypothétiques
– prendre une part active dans une discussion informelle dans un contexte familier : faire des commentaires, exprimer clairement un point de vue, évaluer les choix possibles, faire des hypothèses et y répondre
– parler avec naturel, aisance et efficacité
– prendre l'initiative de la parole, prendre son tour de parole au moment voulu et clore la conversation lorsqu'il faut
– utiliser des phrases toutes faites pour gagner du temps et garder son tour de parole en préparant ce que l'on va dire
– s'adapter aux changements de sens, de style et d'insistance dans une conversation
– corriger les fautes qui ont débouché sur des malentendus
– donner un feed-back et une suite aux déclarations et aux déductions des autres locuteurs et, ce faisant, faciliter l'évolution de la discussion
– utiliser une variété de mots de liaison efficacement pour indiquer le lien entre les idées
– soutenir systématiquement une argumentation qui met en valeur les points significatifs et les points secondaires pertinents
– exposer une demande de dédommagement en utilisant un discours convaincant et des arguments simples afin d'obtenir satisfaction
– énoncer clairement les limites d'une concession

B2
Niveau avancé ou indépendant

Compétence	Écouter
Aptitude	Compréhension orale

SAVOIR-FAIRE
Comprendre des conférences
Comprendre des discours assez longs
Suivre une argumentation complexe
Comprendre la plupart des émissions de télévision sur l'actualité et les informations
Comprendre la plupart des films en langue standard
Identifier l'humeur, le ton du locuteur
Reconnaître le point de vue et l'attitude du locuteur
Suivre une conversation animée entre locuteurs natifs

ACTES DE PAROLE

**Élargissement des macro-actes ci-dessous
en tenant compte des actes de paroles vus précédemment (A2 et B1)**

Caractériser qqch
– décrire un phénomène / un fait
– décrire une pensée abstraite

Parler du passé
– raconter des événements passés

Exprimer une opinion
– dire du bien / faire l'éloge de qqn ou qqch
– dire du mal / critiquer qqn ou qqch
– approuver
– désapprouver

Argumenter
– justifier son point de vue
– exposer
– commenter
– insister / mettre en relief
– marquer une opposition
– faire une concession

CONTENUS GRAMMATICAUX

Approfondissement des contenus grammaticaux vus en B1

Reprise des temps du passé

Verbes + subjonctif ou indicatif
Verbes + subjonctif ou infinitif
Conjonctions + subjonctif ou indicatif
Conjonctions + subjonctif ou infinitif

Les formes impersonnelles – *degrés de certitude (il est certain que /
il est probable que / il semble que…)*

Verbes accompagnés de prépositions
(ex : penser à, croire à / en, rêver de, décider de, agir sur…)
Pronoms compléments y / en (verbes à prépositions)

Adjectifs accompagnés de prépositions
(ex : être heureux de, sûr de, prêt à, confiant en, remarquable par…)
Noms accompagnés de la préposition « de » + infinitif
(ex : avoir le courage de / la joie de, être dans l'impossibilité de…)

Les pronoms relatifs composés
La mise en relief (c'est… qui / c'est… pour laquelle…)

LEXIQUE

Les sujets d'actualité et les faits de société : la politique, la religion, l'éducation, l'écologie, la culture, le droit et la justice, la défense, l'économie, la santé, l'histoire, la mode, le monde du travail…

SOCIOCULTUREL

La tenue d'une discussion formelle ou informelle : l'implicite culturel (tours de parole, volume de la voix, intonations…)
L'expression de l'humeur
Le ton du discours (comique, tragique, lyrique…)

Le discours explicatif et argumentatif

TYPE DE SUPPORTS

Des conférences et des discours
Des programmes télévisés ou radiophoniques sur l'actualité (émissions, reportages, journaux télévisés)
Tout type de films en langue standard

Des enregistrements de conversations animées entre natifs

B2
Niveau avancé ou indépendant

Compétence	Lire
Aptitude	Compréhension écrite

SAVOIR-FAIRE

Lire des articles et des rapports sur des questions contemporaines
Comprendre des articles spécialisés dans son domaine

Lire une correspondance courante dans son domaine

Comprendre des instructions longues et complexes
Comprendre le détail des conditions et mises en garde

Identifier l'attitude particulière ou un certain point de vue des auteurs

Comprendre un texte littéraire contemporain en prose

ACTES DE PAROLE

**Élargissement des macro-actes ci-dessous
en tenant compte des actes de paroles vus précédemment (A2 et B1)**

Caractériser qqch
– décrire un phénomène / un fait   *décrire un fait de société*
                                                     décrire une pensée abstraite

Demander à qqn de faire qqch
– donner des instructions
– conseiller   *mettre en garde*

Parler de l'avenir
– exprimer la condition   *mettre en garde*

Parler du passé
– raconter des événements passés

Exprimer une opinion
– donner son point de vue

Argumenter
– justifier un point de vue
– exposer
– insister / mettre en relief

CONTENUS GRAMMATICAUX

Approfondissement des contenus grammaticaux vus en B1

Les temps du passé (suite) :
– le passé simple – *temps du récit écrit*
– le passé surcomposé – *le passé dans le passé*
– le participe présent : forme composée – *l'antériorité*
– le subjonctif passé – *action antérieure au moment exprimé dans la proposition principale*

Verbes + subjonctif ou indicatif
Verbes + subjonctif ou infinitif
Conjonctions + subjonctif ou indicatif
Conjonctions + subjonctif ou infinitif

Verbes accompagnés de prépositions
(ex : penser à, croire à / en, rêver de, décider de, agir sur…)
Pronoms compléments y / en (verbes à prépositions)

Adjectifs accompagnés de prépositions
(ex : être heureux de, sûr de, prêt à, confiant en, remarquable par…)
Noms accompagnés de la préposition « de » + infinitif
(ex : avoir le courage de / la joie de, être dans l'impossibilité de…)

Les formes impersonnelles – *degrés de certitude*
(il est certain que / il est probable que / il semble que…)
Le conditionnel présent – *doute, informations dont on n'est pas sûr*
La modalisation (valeur des temps) – *nuances pour exprimer l'hypothèse, le doute, l'apparence, l'éventualité, l'obligation… (ex : devoir et pouvoir)*

Le conditionnel présent / le futur simple : *condition et mise en garde*

Les pronoms relatifs composés
La mise en relief (c'est… + pronom relatif)

L'antériorité, la simultanéité, la postériorité : concordance des temps, articulateurs logiques

LEXIQUE

Les sujets d'actualité et les faits de société : la politique, la religion, l'éducation, l'écologie, la culture, le droit et la justice, la défense, l'économie, la santé, l'histoire, la mode, le monde du travail…

Du vocabulaire spécialisé (domaine professionnel ou de spécialité)

Enrichissement lexical : la polysémie, les synonymes et antonymes

SOCIOCULTUREL

La langue de spécialité
La place de la langue dite littéraire
Le ton d'un texte (comique, tragique, lyrique…)
L'utilisation des citations à l'écrit

TYPE DE SUPPORTS

Des articles de presse et des rapports sur des questions contemporaines

Des articles spécialisés (domaine professionnel ou non)

Des lettres formelles (domaine professionnel)

Des instructions longues et complexes (procédures)
Des clauses de contrats : conditions et mises en garde

Des textes littéraires contemporains en prose

B2
Niveau avancé ou indépendant

compétence	S'exprimer oralement en continu
Aptitude	Expression orale

SAVOIR-FAIRE

Faire une présentation détaillée :
– développer et justifier les idées par des points secondaires et des exemples pertinents
– souligner les points importants et les détails pertinents

Faire une description claire et détaillée

Développer une argumentation :
– élargir et confirmer ses points de vue par des arguments secondaires et des exemples pertinents
– enchaîner des arguments avec logique
– mettre en évidence les points significatifs

Expliquer un point de vue sur un problème :
– donner les avantages et inconvénients d'options diverses
– avancer des arguments pour ou contre un point de vue

ACTES DE PAROLE

**Élargissement des macro-actes ci-dessous
en tenant compte des actes de paroles vus précédemment (A2 et B1)**

Caractériser qqch ou qqn
– décrire une personne
– décrire un objet
– décrire un lieu
– décrire un phénomène / un fait

décrire un fait de société
décrire un phénomène naturel
décrire une pensée abstraite

Exprimer une opinion
– faire des hypothèses
– exprimer la probabilité

Argumenter
– justifier un point de vue
– marquer une opposition
– donner les avantages
– donner les inconvénients
– démontrer

enchaîner les arguments
donner des exemples
hiérarchiser

– insister / mettre en relief

souligner les points importants
souligner des détails

CONTENUS GRAMMATICAUX

Approfondissement des contenus grammaticaux vus en B1

Reprise des temps du passé et de la concordance des temps
L'accord des participes passés (avec le sujet / avec le COD)

Verbes + subjonctif ou indicatif
Verbes + subjonctif ou infinitif
Conjonctions + subjonctif ou indicatif
Conjonctions + subjonctif ou infinitif

La modalisation :
– devoir + infinitif – *capacité, autorisation ou éventualité*
– pouvoir + infinitif – *obligation ou supposition*

Les formes impersonnelles – *degrés de certitude*
(il est certain que / il est probable que / il semble que…)

Verbes accompagnés de prépositions
(ex : penser à, croire à / en, rêver de, décider de, agir sur…)
Pronoms compléments y / en (verbes à prépositions)

Adjectifs accompagnés de prépositions
(ex : être heureux de, sûr de, prêt à, confiant en, remarquable par…)
Noms accompagnés de la préposition « de » + infinitif
(ex : avoir le courage de / la joie de, être dans l'impossibilité de…)

La nominalisation

Enrichissement des articulations logiques : expression de l'hypothèse,
de l'opposition, de la condition, du but, de la concession

Les pronoms relatifs composés
La mise en relief (c'est + pronom relatif)
La restriction : ne… que
La négation : sans + infinitif

LEXIQUE

Les sujets d'actualité et les faits de société : la politique, la religion, L'éducation, l'écologie, la culture, le droit et la justice, la défense, L'économie, la santé, l'histoire, la mode, le monde du travail…

Vocabulaire spécialisé (domaine professionnel ou de spécialité)

Enrichissement lexical : la polysémie, les synonymes et antonymes

---

SOCIOCULTUREL

Le discours descriptif
Le discours argumentatif

Faire une communication professionnelle

TYPE DE SUPPORTS

Des articles, rapports, compte-rendu en langue de spécialité
Des documents de référence (domaine de spécialité) : schémas, graphiques, tableaux, images…
Des écrits professionnels : ordre du jour, comptes rendus de réunion…

B2
Niveau avancé ou indépendant

Compétence	Prendre part à une conversation
Aptitude	Interaction orale

SAVOIR-FAIRE

Participer activement à une discussion informelle :
– faire des commentaires   – exprimer et exposer ses opinions
– exposer un point de vue clairement   – défendre ses opinions avec pertinence
– émettre et réagir à des hypothèses   – réagir aux arguments d'autrui

Participer activement à des discussions formelles : exprimer, justifier et défendre son opinion

Répondre à des hypothèses et en faire
Identifier avec exactitude des arguments
Exposer ses idées et opinions
Argumenter avec conviction sur des sujets complexes
Inviter autrui à dire ce qu'il pense
Faire des spéculations sur les causes et conséquences
Mesurer les avantages et les inconvénients de différentes approches

Gérer une négociation (situation conflictuelle)
Exposer un problème et mettre en évidence que l'interlocuteur doit faire une concession
Exposer ses raisons pour obtenir un dédommagement

Transmettre une information détaillée
Faire la description claire et détaillée d'une démarche
Faire une synthèse

Prendre des initiatives dans un entretien
Conduire un entretien avec efficacité

Intervenir de manière adéquate dans une discussion
– commencer, soutenir et terminer une conversation
– utiliser des expressions toutes faites
– confirmer sa compréhension
– inviter les autres à participer
– donner suite aux déclarations d'autres interlocuteurs
– faire des remarques à propos de celles-ci
– poser des questions pour vérifier sa compréhension et faire clarifier les points équivoques

ACTES DE PAROLE

**Élargissement des macro-actes ci-dessous
en tenant compte des actes de paroles vus précédemment (A2 et B1)**

Demander qqch à qqn
– demander un avis
– demander des informations

Demander à qqn de faire qqch
– réclamer

Exprimer une opinion
– donner son point de vue
– exprimer la probabilité
– émettre des hypothèses
– approuver / désapprouver

Rapporter les paroles de qqn
– présenter les opinions des autres
– reformuler

Argumenter
– justifier son point de vue
– insister / mettre en relief
– exposer   *exposer un problème, exposer des raisons*
– analyser
– donner les avantages
– donner les inconvénients
– démontrer
– commenter
– marquer une opposition
– faire une concession
– conforter
– préciser
– nuancer

Participer à une conversation
– engager une conversation
– continuer une conversation
– mettre fin à une conversation
– inviter à se joindre à la conversation
– dire qu'on comprend
– faire préciser

CONTENUS GRAMMATICAUX

Approfondissement des contenus grammaticaux vus en B1

La modalisation :
– devoir + infinitif – *capacité, autorisation ou éventualité*
– pouvoir + infinitif – *obligation ou supposition*
Le conditionnel présent – *doute, informations dont on n'est pas sûr*
Le conditionnel ou l'impératif – *la prière*
Le futur antérieur – *passé dans le futur*

Verbes + subjonctif ou indicatif
Verbes + subjonctif ou infinitif
Conjonctions + subjonctif ou indicatif
Conjonctions + subjonctif ou infinitif

Les formes impersonnelles – *degrés de certitude*
(il est certain que / il est probable que / il semble que…)

Verbes accompagnés de prépositions
(ex : penser à, croire à / en, rêver de, décider de, agir sur…)
Pronoms compléments y / en (verbes à prépositions)

Adjectifs accompagnés de prépositions
(ex : être heureux de, sûr de, prêt à, confiant en, remarquable par…)
Verbes accompagnés de prépositions

Enrichissement des articulateurs logiques : expression de l'hypothèse, de la cause et de la conséquence, de l'opposition, du but, de la concession

Les pronoms relatifs composés
La mise en relief (c'est + pronom relatif)
La restriction : ne… que
La négation : sans + infinitif

LEXIQUE

Les sujets d'actualité et les faits de société : la politique, la religion, L'éducation, l'écologie, la culture, le droit et la justice, la défense, l'économie, la santé, l'histoire, la mode, le monde du travail…

Vocabulaire spécialisé (domaine professionnel ou de spécialité)

Des expressions toutes faites (pour participer à une conversation)

SOCIOCULTUREL

Les rituels des discussions formelles et informelles
Les rituels de la négociation
Les rituels de la réunion formelle / professionnelle
L'entretien d'embauche

TYPE DE SUPPORTS

Des écrits professionnels : documents de référence, ordre du jour, comptes rendus…
Des CV et lettres de motivation

B2
Niveau avancé ou indépendant

Compétence	Écrire
Aptitude	Expression écrite

SAVOIR-FAIRE

Écrire des textes clairs et détaillés : faire la synthèse et l'évaluation d'informations et d'arguments empruntés à des sources diverses.

Écrire des descriptions élaborées d'événements et d'expériences réels ou imaginaires

Écrire une critique de film, de livre, de pièce de théâtre

Écrire un essai (scolaire) ou un rapport :
– développer une argumentation
– apporter des justifications pour ou contre un point de vue
– expliquer les avantages / inconvénients de différentes options
– souligner de manière appropriée les points importants
– synthétiser des informations et des arguments
– évaluer des idées différentes
– évaluer des solutions à un problème

Écrire des lettres :
– exprimer différents degrés d'émotion
– souligner ce qui est important dans un événement ou une expérience
– faire des commentaires sur les nouvelles et les points de vue du correspondant

Résumer un large éventail de textes :
– commenter et critiquer les thèmes principaux
– commenter et critiquer les points de vue opposés

Résumer des extraits de nouvelles, d'entretiens ou de documentaires : traduire des opinions, les discuter et les critiquer

Résumer l'intrigue et la suite des événements d'un film ou d'une pièce de théâtre.

ACTES DE PAROLE

**Élargissement des macro-actes ci-dessous
en tenant compte des actes de paroles vus précédemment (A2 et B1)**

Caractériser qqch
– décrire un phénomène / un fait   *décrire un fait de société*
     décrire un phénomène naturel
     décrire une pensée abstraite

Parler du passé
– raconter des événements passés

Se situer dans l'espace
– situer un objet / une personne / un lieu

Se situer dans le temps
– situer des événements dans le temps

Exprimer des sentiments positifs
– exprimer sa joie
– exprimer sa confiance
– exprimer son soulagement
– exprimer son admiration

Exprimer des sentiments négatifs
– exprimer sa déception
– exprimer sa colère / son mécontentement
– exprimer son ennui
– exprimer son irritation / exaspération
– exprimer son hostilité
– exprimer son embarras
– exprimer sa méfiance
– exprimer sa peur / son inquiétude
– exprimer sa tristesse / son désespoir
– exprimer des regrets

Exprimer une opinion
– dire du bien / faire l'éloge de qqch
– dire du mal / critiquer qqch   *critiquer une opinion*
– donner les avantages
– donner les inconvénients
– émettre des hypothèses

– exprimer la probabilité
– approuver
– désapprouver

Rapporter les paroles de qqn
– reformuler
– présenter les opinions des autres
– résumer   *synthétiser des informations*
                                            synthétiser des arguments

Argumenter
– justifier un point de vue
– marquer une opposition
– conforter
– exposer   *développer des arguments*
                                            donner des exemples
                                            hiérarchiser

– insister / mettre en relief
– analyser   *évaluer des informations*
                                            évaluer des arguments
                                            évaluer des solutions à un problème

– commenter

CONTENUS GRAMMATICAUX

Approfondissement des contenus grammaticaux vus en B1

Les temps du passé (suite) :
– le passé simple – *temps du récit écrit*
– le passé surcomposé – *le passé dans le passé*
– l'infinitif passé – *antériorité, postériorité*
– le participe présent : forme composée – *l'antériorité*

La modalisation :
– devoir + infinitif – *capacité, autorisation ou éventualité*
– pouvoir + infinitif – *obligation ou supposition*

Verbes + subjonctif ou indicatif
Verbes + subjonctif ou infinitif
Conjonctions + subjonctif ou infinitif
Conjonctions + subjonctif ou infinitif

Les formes impersonnelles – *degrés de certitude*
(il est certain que / il est probable que / il semble que…)

Verbes accompagnés de prépositions
(ex : penser à, croire à / en, rêver de, décider de, agir sur…)
Pronoms compléments y / en (verbes à prépositions)

Adjectifs accompagnés de prépositions
(ex : être heureux de, sûr de, prêt à, confiant en, remarquable par…)
Noms accompagnés de la préposition « de » + infinitif
(ex : avoir le courage de / la joie de, être dans l'impossibilité de…)

Les pronoms relatifs composés
La mise en relief (c'est + pronom relatif)
La restriction : ne… que
La négation : sans + infinitif

Enrichissement des articulateurs logiques : expression de l'hypothèse, de la cause et de la conséquence, de l'opposition, du but, de la concession

LEXIQUE

Les sujets d'actualité et les faits de société : la politique, la religion, l'éducation, l'écologie, la culture, le droit et la justice, la défense, l'économie, la santé, l'histoire, la mode, le monde du travail…

Le domaine culturel : cinéma, littérature, arts plastiques…

Du vocabulaire spécialisé (domaine professionnel)

Enrichissement lexical : la polysémie, les synonymes et antonymes

SOCIOCULTUREL

Les différents types de discours en fonction des différents « acteurs » sociaux (rôle et statut)

Les différents types d'écrits scolaires et professionnels
L'argumentation

Les rituels de la lettre de motivation

TYPE DE SUPPORTS

Les écrits professionnels : essais et rapports
Un large éventail de textes (journalistiques, littéraires…)

Des extraits de nouvelles, d'entretiens ou de documentaires
Des films et des pièces de théâtre
Des œuvres littéraires : des romans et des pièces de théâtre
Des critiques littéraires

Des lettres personnelles
Des CV et lettres de motivation

C1
Niveau autonome

Description globale
« L'apprenant peut comprendre une grande gamme de textes longs et exigeants, ainsi que saisir des significations implicites. Il peut s'exprimer spontanément et couramment sans trop apparemment devoir chercher ses mots. Il peut utiliser la langue de façon efficace et souple dans sa vie sociale, professionnelle ou académique. Il peut s'exprimer sur des sujets complexes de façon claire et bien structurée et manifester son contrôle des outils d'organisation, d'articulation et de cohésion du discours. »

Écouter
Peut comprendre un long discours même s'il n'est pas clairement structuré et que les articulations sont seulement implicites. Peut comprendre les émissions de télévision et les films sans trop d'effort.

Lire
Peut comprendre des textes factuels ou littéraires longs et complexes et en apprécier les différences de style. Peut comprendre des articles spécialisés et de longues instructions techniques même lorsqu'ils ne sont pas en relation avec son domaine.

S'exprimer oralement en continue
Peut présenter des descriptions claires et détaillées de sujets complexes, en intégrant des thèmes qui leur sont liés, en développant certains points et en terminant son intervention de façon appropriée.

Prendre part à une conversation
Peut communiquer spontanément et couramment sans trop apparemment devoir chercher ses mots. Peut utiliser la langue de manière souple et efficace pour des relations sociales ou professionnelles. Peut exprimer ses idées et opinions avec précision et lier ses interventions à celles de ses interlocuteurs.

Écrire
Peut s'exprimer dans un texte clair et bien structuré et développer son point de vue. Peut écrire sur des sujets complexes dans une lettre, un essai ou un rapport, en soulignant les points qu'il juge importants. Peut adopter un style adapté au destinataire.

Étendue

L'apprenant a une bonne maîtrise d'une grande gamme de discours parmi lesquels il peut choisir la formulation lui permettant de s'exprimer clairement et dans le registre convenable sur une grande variété de sujets d'ordre général, éducationnel, professionnel ou de loisirs, sans devoir restreindre ce qu'il veut dire.

Cohérence

Il peut produire un texte clair, fluide et bien structuré, démontrant un usage contrôlé de moyens linguistiques de structuration et d'articulation.

C1 – SAVOIR-FAIRE GÉNÉRAUX

Chapitre 3.6. du Cadre européen commun de référence pour les langues
(« Cohérence du contenu des niveaux communs de référence »)

À l'issue du niveau C1, l'apprenant doit être capable de :
– s'exprimer avec aisance et spontanéité presque sans effort
– avoir une bonne maîtrise d'un répertoire lexical large dont les lacunes sont facilement comblées par des périphrases
– choisir une expression adéquate dans un répertoire disponible de fonctions du discours pour introduire ses commentaires afin de mobiliser l'attention de l'auditoire ou de gagner du temps
– produire un discours clair, bien construit et sans hésitation, qui montre l'utilisation bien maîtrisée des structures, des connecteurs et des articulateurs

C1
Niveau autonome

Compétence	Écouter
Aptitude	Compréhension orale

SAVOIR-FAIRE

Comprendre un long discours :
– même s'il n'est pas clairement structuré
– même si les articulations sont seulement implicites concernant des sujets spécialisés abstraits ou complexes
– même hors de son domaine

Reconnaître une gamme étendue d'expressions idiomatiques
Reconnaître les changements de registre

Suivre un film faisant largement usage de l'argot et d'expressions idiomatiques

Comprendre des informations techniques complexes

Extraire des détails précis d'une annonce publique émise dans de mauvaises conditions

ACTES DE PAROLE

Élargissement des macro-actes ci-dessous
en tenant compte des actes de paroles vus précédemment (B1 et B2)

Caractériser qqn / qqch

Exprimer une opinion / un jugement

Parler de l'avenir

Parler du passé

Rapporter les paroles de qqn

Argumenter

– exposer   *développer des arguments*
                                             enchaîner les arguments
                                             hiérarchiser

– faire une digression

CONTENUS GRAMMATICAUX

Approfondissement des contenus grammaticaux vus en B2

L'ensemble des temps verbaux

Les articulations logiques (locutions, infinitif ou subjonctif, substantifs, verbes, expressions invariables) :
– cause et conséquence
– but, volonté
– condition
– opposition et restriction
– concession

Les figures de style

LEXIQUE

Les expressions idiomatiques
Les registres de langue
L'argot, le verlan, le parler des jeunes

Du vocabulaire spécialisé : sujets abstraits et complexes

SOCIOCULTUREL

L'implicite
Les connotations et les non-dits
L'humour
Les registres de langue

TYPE DE SUPPORTS

De longs discours, des conférences
Des films en langue non standard
Des documents techniques complexes
Des annonces publiques (émises dans de mauvaises conditions)

C1

Niveau autonome

Compétence	Lire
Aptitude	Compréhension écrite

SAVOIR-FAIRE
Comprendre tout type de correspondance

Apprécier les différences de style

Comprendre des articles spécialisés hors de son domaine

Comprendre de longues instructions techniques (domaine de spécialité ou non)

Comprendre dans le détail une gamme étendue de textes
Identifier des points de détail fins : les attitudes, les opinions implicites |

ACTES DE PAROLE

Élargissement des macro-actes ci-dessous
en tenant compte des actes de paroles vus précédemment (B1 et B2)

Caractériser qqn / qqch

Demander à qqn de faire qqch
– donner des instructions   *(instructions techniques)*

Exprimer un sentiment positif

Exprimer un sentiment négatif

Exprimer une opinion / un jugement
– justifier un point de vue
– dire du bien de qqn
– dire du mal de qqn
– approuver
– désapprouver

Rapporter les paroles de qqn

Argumenter
– exposer
– nuancer

CONTENUS GRAMMATICAUX

Approfondissement des contenus grammaticaux vus en B2

Les phrases structurellement complexes

L'ensemble des temps verbaux
Les subjonctifs imparfait et plus-que-parfait *(textes littéraires)*

Les degrés d'appréciation (formules d'atténuation et de renforcement)

Les degrés d'intensité : superlatifs, adverbes, préfixes et suffixes

Les figures de style

Les registres de langue : différences grammaticales et syntaxiques

Les types de texte (descriptif, poétique, journalistique…)

LEXIQUE

Les expressions idiomatiques
Les registres de langue

Du vocabulaire spécialisé : sujets abstraits ou domaines techniques

Enrichissement lexical : les nuances de la langue

SOCIOCULTUREL

L'implicite : les connotations, les non-dits…
L'humour et l'ironie
Les différences de style

TYPE DE SUPPORTS

Tout type de correspondance (lettres formelles ou informelles)
Des articles spécialisés
Des documents techniques complexes
Une gamme étendue de textes (journalistiques, littéraires…)

C1
Niveau autonome

compétence	S'exprimer oralement en continu
Aptitude	Expression orale

SAVOIR-FAIRE

Faire une présentation :
– intégrer des arguments secondaires
– développer des points particuliers
– parvenir à une conclusion appropriée

Faire une description claire et détaillée

Faire une narration élaborée :
– intégrer des thèmes secondaires
– développer certains points
– terminer par une conclusion appropriée

Faire un exposé clair et bien structuré :
– développer ses points de vue longuement à l'aide de points secondaires, de justifications et d'exemples pertinents.
– transmettre des nuances fines de sens avec l'accent et l'intonation

ACTES DE PAROLE

**Élargissement des macro-actes ci-dessous
en tenant compte des actes de paroles vus précédemment (B1 et B2)**

Caractériser qqn / qqch
– décrire des personnes
– décrire des objets
– décrire des lieux
– décrire des faits

Parler du passé
– raconter des événements passés   *développer des thèmes secondaires*

Exprimer un sentiment positif

Exprimer un sentiment négatif

Rapporter les paroles de qqn

Argumenter
– exposer   *introduire un sujet*
                                                 développer un sujet
                                                 donner des arguments principaux
                                                 donner des arguments secondaires
                                                 donner des exemples
– analyser   *conclure*
– démontrer
– nuancer

CONTENUS GRAMMATICAUX

Approfondissement des contenus grammaticaux vus en B2

Les articulations logiques (prépositions et adverbes, infinitif ou subjonctif, verbes) :
– cause / conséquence
– but
– condition / hypothèse
– opposition / restriction / concession

L'antériorité, la simultanéité, la postériorité : concordance des temps, prépositions, expressions

LEXIQUE
Enrichissement lexical : les nuances de la langue

SOCIOCULTUREL
La présentation ou l'exposé (lors d'une réunion) Les accents et les intonations (porteurs de sens)

C1
Niveau autonome

Compétence	Prendre part à une conversation
Aptitude	Interaction orale

SAVOIR-FAIRE

Utiliser la langue en société avec souplesse et efficacité : registre affectif, allusif ou humoristique

Exprimer ses idées et opinions avec précision

Participer à des échanges dans une discussion de groupe et un débat
– argumenter une prise de position formelle de manière convaincante
– répondre aux questions et commentaires
– répondre aux contre-arguments avec aisance et pertinence

Participer complètement à un entretien
– développer et mettre en valeur le point discuté
– utiliser les interjections convenables

Choisir une expression adéquate en préambule à ses propos
– pour obtenir la parole et la garder
– pour gagner du temps pendant qu'on réfléchit

ACTES DE PAROLE

**Élargissement des macro-actes ci-dessous
en tenant compte des actes de paroles vus précédemment (B1 et B2)**

Entrer en contact avec qqn

– accueillir qqn

– faire un compliment à qqn

Demander qqch à qqn

– s'excuser

Exprimer un sentiment positif

– exprimer son admiration

– exprimer son contentement / sa joie

Exprimer un sentiment négatif

Accepter qqch

– accepter un compliment

– accepter des excuses

Exprimer une opinion ou un jugement

Argumenter

– exposer

– analyser

– insister / mettre en relief

– nuancer

Participer à une conversation

– engager une conversation / prendre la parole

– faire patienter qqn

CONTENUS GRAMMATICAUX

Approfondissement des contenus grammaticaux vus en B2

Les articulations logiques (prépositions et adverbes, infinitif
ou subjonctif, verbes) :
– cause / conséquence
– but
– condition / hypothèse
– opposition / restriction / concession

Les degrés d'appréciation (formules d'atténuation et de renforcement)

Les degrés d'intensité : superlatifs, adverbes, préfixes et suffixes

Le subjonctif passé – *action antérieure au moment présent
(ex : « je crains qu'il n'ait oublié notre rendez-vous »)*

Les registres de langue : différences grammaticales et syntaxiques

LEXIQUE
Les expressions idiomatiques Les jeux de mots (néologismes, contrepétries, jeux sur les sonorités…) Les registres de langue Enrichissement lexical : les expressions toutes faites (prise de parole)

SOCIOCULTUREL
L'humour L'implicite / les connotations et les non-dits Le rôle des interjections La discussion de groupe et le débat : la prise de position (sur un sujet de polémique, sur un problème…) L'entretien formel

C1

Niveau autonome

Compétence	Écrire
Aptitude	Expression écrite

SAVOIR-FAIRE

Exposer un sujet par écrit clairement et de manière bien structurée :
– souligner les points pertinents

Exposer et prouver un point de vue de manière élaborée :
– intégration d'arguments secondaires, de justifications et d'exemples pertinents
– parvenir à une conclusion appropriée

Écrire des textes descriptifs et de fiction :
– style sûr, personnel et naturel
– style approprié au lecteur visé

S'exprimer avec clarté et précision, y compris dans un registre affectif, allusif ou humoristique

Résumer de longs textes difficiles

ACTES DE PAROLE

**Élargissement des macro-actes ci-dessous
en tenant compte des actes de paroles vus précédemment (B1 et B2)**

Caractériser qqn ou qqch
– décrire une personne
– décrire un objet
– décrire un lieu
– décrire un fait

Parler du passé
– raconter des événements passés

Exprimer une opinion / un jugement

Rapporter les paroles de qqn
– reformuler
– résumer

Argumenter
– justifier un point de vue
– exposer

introduire un sujet
développer un sujet
donner des arguments principaux
donner des arguments secondaires
donner des exemples
hiérarchiser
conclure

– démontrer
– analyser
– nuancer
– insister / mettre en relief

CONTENUS GRAMMATICAUX

Approfondissement des contenus grammaticaux vus en B2

L'antériorité, la simultanéité, la postériorité : concordance des temps, prépositions, expressions

Le passé simple
Le subjonctif passé – *action antérieure au moment présent*
(ex : « je crains qu'il n'ait oublié notre rendez-vous »)

Les articulations logiques (prépositions et adverbes, infinitif ou subjonctif, verbes) :
– cause / conséquence
– but
– condition / hypothèse
– opposition / restriction / concession

Les degrés d'appréciation (formules d'atténuation et de renforcement)

Les degrés d'intensité : superlatifs, adverbes, préfixes et suffixes

Les synonymes : nuances péjoratives et amélioratives

Les figures de style
Les registres de langue : différences grammaticales et syntaxiques

Les types de texte (descriptif, poétique, journalistique…)

LEXIQUE
Les expressions idiomatiques Les registres de langue Enrichissement lexical : les synonymes / les nuances de la langue

SOCIOCULTUREL
L'humour L'implicite / les connotations et les non-dits L'argumentation Quelques styles d'écriture : le style narratif, le style descriptif, le style burlesque, le style lyrique…

TYPE DE SUPPORTS
Des textes longs et complexes (domaines professionnel ou universitaire)

C2
Niveau maîtrise

Description globale
« L'apprenant peut comprendre sans effort pratiquement tout ce qu'il lit ou entend. Il peut restituer faits et arguments de diverses sources écrites et orales en les résumant de façon cohérente. Il peut s'exprimer spontanément, très couramment et de façon précise et peut rendre distinctes de fines nuances de sens en rapport avec des sujets complexes. »

Écouter
N'a aucune difficulté à comprendre le langage oral, que ce soit dans les conditions du direct ou dans les médias et quand on parle vite, à condition d'avoir du temps pour se familiariser avec un accent particulier.

Lire
Peut lire sans effort tout type de texte, même abstrait ou complexe quant au fond ou à la forme, par exemple un manuel, un article spécialisé ou une œuvre littéraire.

S'exprimer oralement en continu
Peut présenter une description ou une argumentation claire et fluide dans un style adapté au contexte, construire une présentation de façon logique et aider son auditeur à remarquer et à se rappeler les points importants.

Prendre part à une conversation
Peut participer sans effort à toute conversation ou discussion et est aussi très à l'aise avec les expressions idiomatiques et les tournures courantes. Peut s'exprimer couramment et exprimer avec précision de fines nuances de sens. En cas de difficulté, peut faire marche arrière pour y remédier avec assez d'habileté pour que cela passe inaperçu.

Écrire
Peut écrire un texte clair, fluide et stylistiquement adapté aux circonstances. Peut rédiger des lettres, rapports ou articles complexes, avec une construction claire permettant au lecteur d'en saisir et de mémoriser les points importants. Peut résumer et critiquer par écrit un ouvrage professionnel ou une œuvre littéraire.

<u>Étendue</u>

L'apprenant montre une grande souplesse dans la reformulation des idées sous des formes linguistiques différentes lui permettant de transmettre avec précision des nuances fines de sens afin d'insister, de discriminer ou de lever l'ambiguïté. A aussi une bonne maîtrise des expressions idiomatiques et familières.

<u>Cohérence</u>

Il peut produire un discours soutenu cohérent en utilisant de manière complète et appropriée des structures organisationnelles variées ainsi qu'une gamme étendue de mots de liaisons et autres articulateurs.

C2 – SAVOIR-FAIRE GÉNÉRAUX

Chapitre 3.6. du Cadre européen commun de référence pour les langues
(« Cohérence du contenu des niveaux communs de référence »)

À l'issue du niveau C2, l'apprenant doit être capable de :
– transmettre les subtilités de sens avec précision en les utilisant, avec une raisonnable exactitude, une gamme étendue de modalisateurs
– avoir une bonne maîtrise des expressions idiomatiques et familières accompagnée de la conscience des connotations
– revenir en arrière et reformuler une difficulté sans heurts de sorte que l'interlocuteur s'en aperçoive à peine.

C2

Niveau maîtrise

Compétence	Écouter
Aptitude	Compréhension orale

SAVOIR-FAIRE

Comprendre toute langue orale quel qu'en soit le débit

Peut suivre une conférence ou un exposé spécialisé employant :
– des formes relâchées
– des régionalismes
– une terminologie non familière

ACTES DE PAROLE

Réinvestissement de tous les actes de parole des niveaux antérieurs

CONTENUS GRAMMATICAUX

Réemploi des contenus grammaticaux des niveaux antérieurs

LEXIQUE

Les régionalismes
Les expressions familières ou populaires
Les formes relâchées

SOCIOCULTUREL

L'implicite dans le discours / les connotations
Les référents culturels : « l'air du temps » ; la culture implicite partagée
Les accents régionaux

TYPE DE SUPPORTS

Des conférences ou des exposés spécialisés
Tout type d'émissions radiophoniques ou télévisuelles
(sujets complexes ou spécialisés)

C2

Niveau maîtrise

Compétence	Lire
Aptitude	Compréhension écrite

SAVOIR-FAIRE
Comprendre et interpréter de façon critique toute forme d'écrit : – textes abstraits et structurellement complexes – textes très riches en expressions familières Apprécier de subtiles distinctions de style Apprécier le sens implicite autant qu'explicite

ACTES DE PAROLE
Réinvestissement de tous les actes de parole des niveaux antérieurs

CONTENUS GRAMMATICAUX
Réemploi des contenus grammaticaux des niveaux antérieurs

LEXIQUE
Les régionalismes Les expressions familières ou populaires Les figures de style (métaphores, euphémismes, antiphrases, hyperboles, ellipses…) Les nuances de style ou de signification

SOCIOCULTUREL
L'implicite / le sens connotatif L'humour La culture implicite partagée

TYPE DE SUPPORTS
Textes abstraits et complexes Ouvrages spécialisés Toute œuvre littéraire (en vers ou en prose)

C2
Niveau maîtrise

compétence	S'exprimer oralement en continu
Aptitude	Expression orale

SAVOIR-FAIRE
Produire un discours élaboré, limpide et fluide : structure logique efficace pour marquer les points importants Peut présenter une description ou une argumentation claire et fluide dans un style adapté au contexte

ACTES DE PAROLE
Réinvestissement de tous les actes de parole des niveaux antérieurs

CONTENUS GRAMMATICAUX
Réemploi des contenus grammaticaux des niveaux antérieurs

LEXIQUE
Les nuances de style Les nuances de signification

SOCIOCULTUREL
L'argumentation et l'idée de la logique « à la française »

C2
Niveau maîtrise

Compétence	Prendre part à une conversation
Aptitude	Interaction orale

SAVOIR-FAIRE
Comprendre tout locuteur natif: adaptation à une langue non standard ou à un accent
Posséder une bonne maîtrise d'expressions idiomatiques et de tournures courantes
Avoir conscience du sens connotatif
Exprimer avec précision des nuances fines de signification
Revenir sur une difficulté et la restructurer de manière habile
Défendre sa position dans une discussion formelle
Monter une argumentation nette et convaincante

ACTES DE PAROLE

Réinvestissement de tous les actes de parole des niveaux antérieurs

CONTENUS GRAMMATICAUX

Réemploi des contenus grammaticaux des niveaux antérieurs

LEXIQUE

Les expressions idiomatiques
Les tournures courantes et familières
Les nuances de significations

SOCIOCULTUREL

L'implicite
Le sens connotatif
Les accents régionaux
Les régionalismes (France et francophonie)

C2
Niveau maîtrise

Compétence	Écrire
Aptitude	Expression écrite

SAVOIR-FAIRE

Écrire des textes élaborés, limpides et fluides, dans un style approprié et efficace : une structure logique qui souligne les points importants

Écrire des histoires ou des récits d'expérience captivants, de manière limpide et fluide dans un style approprié au genre adopté

Produire des rapports, articles ou essais complexes qui posent une problématique ou qui donnent une appréciation critique d'une œuvre littéraire

Proposer un plan logique adapté et efficace

Faire le résumé d'informations de sources diverses en recomposant les arguments dans une présentation cohérente

ACTES DE PAROLE

Réinvestissement de tous les actes de parole des niveaux antérieurs

CONTENUS GRAMMATICAUX

Réemploi des contenus grammaticaux des niveaux antérieurs

LEXIQUE

Les nuances de style
Les figures de style (métaphores, euphémismes, antiphrases, hyperboles, ellipses…)

SOCIOCULTUREL

L'idée de la logique « à la française »
L'essai argumentatif et sa problématique
L'appréciation des styles d'écriture (le « bon » et le « mauvais » style !)

TYPE DE SUPPORTS

Toute forme d'écrit (domaine de spécialité ou non)
Des rapports ou des articles abstraits et complexes
Des œuvres littéraires (en vers ou en prose)

Index des contenus grammaticaux

A

D

F

G

H

Index des actes de parole

Entrer en contact avec qqn
– saluer qqn
– interpeller qqn
– accueillir qqn
– demander / donner des nouvelles
– prendre congé

Présenter qqn
– donner son identité ou l'identité de qqn

donner son nom
dire son âge
dire sa nationalité
dire sa profession
épeler

– parler de son environnement quotidien

donner son adresse
donner son numéro de téléphone
parler de son lieu de vie
parler de sa famille
parler de ses loisirs
parler de son travail

Caractériser qqn ou qqch
– décrire un objet

désigner
dire le prix d'un objet
dire l'aspect d'un objet (forme, couleur, matière)
dire la taille / le poids d'un objet

– décrire une personne

décrire le physique de qqn
décrire le caractère de qqn
décrire les goûts de qqn
parler des habitudes de qqn
décrire des problèmes de santé

– décrire un lieu

dire le temps qu'il fait
décrire une ville, un pays
décrire un paysage

– décrire un phénomène / un fait

décrire un fait de société
décrire un phénomène naturel
décrire une activité artistique
décrire une pensée abstraite

– exprimer l'appartenance
– exprimer la quantité
– comparer

comparer des choses et des personnes
comparer des faits
comparer des idées

Se situer dans l'espace

– situer un objet / une personne
– situer un lieu   *localiser une ville / un pays*
– indiquer une direction   *indiquer une provenance*
                                             décrire un itinéraire
                                             exprimer une distance

Se situer dans le temps

– situer des événements dans le temps   *indiquer l'origine / le moment*
                                             d'une action
                                             indiquer la durée d'une action
                                             indiquer la fréquence d'une action

– dire la date
– dire l'heure

Demander qqch à qqn

– demander pardon / s'excuser
– demander une / des information(s)   *poser des questions personnelles*
                                             demander la date
                                             demander l'heure
                                             demander un prix
                                             demander une quantité
                                             demander son chemin

– demander un avis
– demander un conseil
– demander un accord
– demander une réponse
– demander une autorisation / permission

Demander à qqn de faire qqch

– demander de l'aide ou un service
– commander / réserver
– décommander
– demander de payer
– réclamer qqch
– donner un ordre
– donner une / des instruction(s)
– conseiller / déconseiller
– interdire / défendre
– rappeler qqch à qqn
– demander à qqn de s'excuser

Proposer qqch à qqn

– inviter
– offrir
– proposer de l'aide ou un service
– proposer une sortie / un rendez-vous
– proposer à qqn de se tutoyer

Accepter qqch

– accepter un compliment
– accepter des excuses
– accepter une invitation
– accepter une sortie / un rendez-vous
– accepter de l'aide ou un service
– accepter une proposition / suggestion
– accepter un cadeau
– autoriser / permettre / donner son accord
– répondre par l'affirmative

Refuser qqch

– refuser un compliment
– refuser des excuses
– refuser une invitation
– annuler / reporter une sortie / un rendez-vous
– refuser de l'aide ou un service
– refuser une proposition
– refuser un cadeau
– refuser un ordre
– répondre par la négative

Exprimer un sentiment positif

– exprimer ses goûts
– exprimer son intérêt
– exprimer son contentement / sa joie
– exprimer sa confiance
– exprimer son soulagement
– exprimer son admiration
– faire un compliment à qqn
– féliciter qqn
– remercier qqn
– rassurer / encourager qqn

Exprimer un sentiment négatif

– exprimer son dégoût
– exprimer son désintérêt
– exprimer son mécontentement / sa colère
– exprimer sa déception
– exprimer son ennui
– exprimer son irritation / indignation / exaspération
– exprimer son hostilité / insulter
– exprimer sa gêne / son embarras
– exprimer sa méfiance
– exprimer sa peur / son inquiétude
– exprimer sa tristesse / son désespoir
– exprimer ses regrets

– faire un reproche à qqn
– plaindre qqn / se plaindre

Exprimer un sentiment positif ou négatif
– exprimer sa surprise
– exprimer la curiosité
– exprimer l'indifférence

Exprimer une opinion / un jugement
– dire du bien / faire l'éloge de qqn ou qqch
– dire du mal / critiquer qqn ou qqch
– approuver
– désapprouver
– émettre des hypothèses / faire des suppositions
– exprimer la possibilité
– exprimer la probabilité
– exprimer la certitude
– exprimer le doute
– exprimer une obligation

Parler de l'avenir
– exprimer une intention
– parler de ses projets
– exprimer sa volonté
– exprimer un souhait / faire un vœu
– promettre
– exprimer une prévision / une prédiction
– exprimer la condition

Parler du passé
– raconter des événements passés

raconter un fait divers
raconter une anecdote personnelle
raconter une histoire (réelle ou fictive)
raconter l'évolution d'une situation

– évoquer des souvenirs

Rapporter les paroles de qqn
– rapporter un discours
– présenter les opinions des autres
– reformuler
– résumer

résumer des faits
synthétiser des informations
synthétiser des arguments

– citer

Argumenter
– justifier un point de vue
– insister / mettre en relief

souligner les points importants
souligner des détails

– exposer

introduire un sujet
développer un sujet
exposer un problème
exposer des raisons
développer des arguments
hiérarchiser
enchaîner les arguments
donner des arguments principaux
donner des arguments secondaires
donner des exemples / illustrer
conclure

– analyser

expliquer un problème
évaluer des informations
évaluer des arguments
évaluer des solutions à un problème

– commenter
– démontrer
– préciser
– nuancer
– conforter
– exprimer une alternative
– marquer une opposition
– faire une concession
– donner les avantages
– donner les inconvénients

Participer à une conversation

– engager une conversation / prendre la parole
– continuer une conversation / garder la parole
– mettre fin à une conversation
– changer de sujet de conversation / faire une
– digression
– relancer un sujet de conversation
– inviter à se joindre à la conversation
– interrompre qqn
– faire patienter qqn
– dire qu'on comprend
– dire qu'on ne comprend pas
– faire répéter
– faire préciser

Achevé d'imprimer en juillet 2021
sur les presses de la Nouvelle Imprimerie Laballery – 58500 Clamecy
N° d'éditeur : 10276091

Dépôt légal : juin 2012   Numéro d'impression : 106408
Imprimé en France

La Nouvelle Imprimerie Laballery est titulaire de la marque Imprim'Vert®